Information and Communication Technology

…

Una guida completa per capirne di Reti, CRM, Business Intelligence, Cloud, Sistemi Informatici e molto altro spiegati in modo semplice e veloce.

MASTERCLASS INTERNATIONAL SCHOOL

Sommario

INTRODUZIONE

Con il termine *Sistema Informativo* si intende l'insieme dei componenti che permettono (tipicamente ad un'azienda) di gestire tutti i dati che nascono a fronte delle attività e dei processi operativi.

Il termine sistema informativo include tutti gli elementi necessari, quindi sia di natura hardware (fisici) che software (programmi).

Se si utilizza il termine sistema informatico, l'enfasi è maggiormente sui componenti hardware, tuttavia si tratta di sfumature non fondamentali ai fini sostanziali.

Infine, con il termine tecnologie informatiche intendiamo i componenti fisici (hardware), i programmi (software) e i dispositivi per la comunicazione locale o estesa (router, modem, ..).

Infatti, un acronimo ormai molto usato per descrivere il sistema nel suo complesso è ICT: *Information & Communication Technology*.

Il Sistema Informativo è ormai una risorsa cruciale e strategica all'interno delle Aziende, e il suo ruolo è passato dal rappresentare un supporto ai processi fino a diventare esso stesso processo primario e in grado di generare valore.

Quindi strumento non solo per efficientare le attività e i flussi aziendali, ma anche per rendere più efficace l'azione d'impresa: per acquisire o fidelizzare clienti, per valorizzare la catena logistica o per definire nuove aree di business (si pensi ai modelli di successo di *web commerce*).

Questo cambiamento è anche percepibile dall'evoluzione dei termini utilizzati per indicare la funzione informatica in azienda: un tempo CED o EDP (centro elaborazione dati), ora ICT o Sistemi Informativi.

La funzione ICT è oggi l'attore con cui le altre funzioni aziendali devono confrontarsi per ogni progetto di miglioramento o di innovazione, e le tecnologie informatiche sono spesso il driver per abilitare opportunità di business e creare plus valore.

Hardware e software, dunque, possono diventare il *core* di un modello di business di successo, permettendo nuove organizzazioni e nuovi paradigmi nel disegno di ruolo, funzioni e processi.

Tutto questo con una velocità di cambiamento esponenziale: elementi di novità dal mercato, nuovi prodotti e tecnologie, nuovi utilizzi.

Alcuni esempi evidenti sono il mobile, internet, i *tablet*: Il presidente di una azienda industriale, in modo facile e immediato, può vedere giornalmente le statistiche sulle vendite, sul suo tablet, ovunque egli sia, tramite grafici interattivi e dinamici, che egli stesso può modificare con semplicissime azioni.

In questo quadro articolato e in continuo *changement* il libro cerca di offrire una panoramica sull'AS IS, lo stato dell'arte dei vari ambiti di un sistema informativo.

La materia è trattata utilizzando un approccio logico e pragmatico, evitando nei limiti del possibile tecnicismi eccessivi. In particolare, le tematiche sono illustrate cercando di fornire la prospettiva applicativa aziendale e se possibile le possibili evoluzioni future.

Per gli argomenti trattati e per lo stile utilizzato, il testo è adatto a corsi universitari e master, ma utilizzabile anche in ambito manageriale come strumento indispensabile di aggiornamento.

Capitolo 1 - SISTEMI INFORMATICI

Il sistema informatico rappresenta l'insieme di tecnologie hardware e software che assieme concorrono ad elaborare dati per restituire informazioni strutturate più utili e fruibili.

Il sistema informatico riveste un'importanza strategica all'interno del contesto aziendale dal momento che un sistema efficiente, ben progettato e realizzato, per quanto riguarda prestazioni, efficienza, affidabilità, disponibilità e sicurezza, garantisce una migliore gestione delle informazioni aziendali con ricadute positive sulla produttività e quindi sull'operato dell'azienda stessa.

1. Hardware e software

Il connubio "hardware" e "software" è sempre presente nei sistemi informatici: con il termine hardware – letteralmente "ferramenta" - si intende la parte **fisica** dell'informatica, quindi la componentistica del computer (chassis, hard disk, cablaggi, dispositivi di lettura ottica, memorie, ecc.) e delle periferiche ad esso associate (mouse, stampanti, scanner, videocamere, cavi, ecc.), ma anche i supporti di memorizzazione come CD, DVD, floppy disk o simili, fanno parte della categoria dell'hardware.

Un'ulteriore suddivisione, in questo settore, è rappresentata dai dispositivi di **input**, come tastiere, mouse, joystick, scanner, microfoni o comunque dispositivi che consentono l'immissione o l'inserimento dei dati nel computer e dispositivi di **output** (come stampanti, monitor, casse acustiche o simili che consentono di estrarre le informazioni dal computer e di strutturarle in varie forme).

Con il termine "software", al contrario, si intende la parte **logica** del settore informatico, quella composta dai programmi, o applicazioni, che vengono utilizzati per elaborare le informazioni. Un software è un programma, ovvero una sequenza di comandi che il computer esegue e che si traducono nella sua funzionalità.

Il software può essere categorizzato in **software di base** a sua volta suddivisibile in:

- **Sistemi Operativi** (programmi che stanno alla base del funzionamento della macchina). Oggi i sistemi operativi più diffusi per PC sono Windows della Microsoft, OS X della Apple Computer e varie versioni di Linux

- **Compilatori e Interpreti** (programmi che traducono una serie di istruzioni scritte in un determinato linguaggio di programmazione, detto codice sorgente, in istruzioni di un altro linguaggio - codice oggetto)

- **Librerie** (funzioni o strutture dati predisposte per essere collegate ad un programma software mediante un collegamento)

Driver: procedure che consentono ad un sistema operativo di utilizzare e pilotare dispositivi hardware come hard disk, chiavi USB, o altre periferiche.

Firmware: programmi integrati nei componenti elettronici che consentono l'avvio e l'interazione di un componente con altri mediante protocolli di comunicazione e interfacce di programmazione.

Programmi applicativi: insieme di istruzioni che, una volta eseguite, producono soluzioni per una classe di problemi. Esistono quindi programmi di videoscrittura per elaborare testi, programmi di grafica per disegnare e così via.

2. Struttura di un elaboratore

Un computer è composto dai seguenti supporti:

Scheda madre o motherboard che può essere considerato il componente più importante del personal computer. La scheda madre è un insieme di circuiti integrati che mettono in comunicazione i vari componenti del computer. Tra questi i principali sono:

- **Processore o CPU** (Central Processing Unit): l'unità centrale di elaborazione, che è paragonabile al motore dell'automobile. Il processore recupera dalla memoria centrale l'istruzione da eseguire e gli operandi (i dati da elaborare), ponendoli nei registri. Al termine dell'esecuzione dei calcoli, il risultato viene restituito nuovamente alla memoria centrale. La velocità con la quale queste operazioni vengono eseguite è determinata dalla **frequenza di clock**, espressa in MegaHertz (MHz) e dall'architettura progettuale del processore stesso.

  Esistono oggi processori che vengono assemblati unendo più nuclei elaborativi: i cosiddetti **Core**. Tra le varie classi di processori troviamo quindi i Single Core, i Dual Core e i Quad Core. Questa caratteristica, unità alla velocità di clock, determina la potenza elaborativa del processore, che viene misurata globalmente in **mips**, cioè in milioni di operazioni eseguibili al secondo.

- **Memoria RAM** (*Random Access Memory*, memoria ad accesso casuale) è la memoria centrale del calcolatore e lavora a stretto contatto con il processore, che attinge da essa le istruzioni da eseguire e i dati da elaborare.

  A differenza delle cosiddette memorie di massa, come dischi e nastri che mantengono le informazioni anche a computer spento, la RAM è una memoria di tipo **volatile**, cioè perde il suo contenuto quando non è più alimentata elettricamente.

  La quantità di memoria installata in un computer ne influenza notevolmente le prestazioni: se infatti la RAM non è sufficiente a contenere tutti i programmi in esecuzione, il sistema operativo utilizza il disco rigido per poterla estendere "virtualmente" (meccanismo noto anche come swapping).

  La RAM contiene le informazioni che i programmi, ad iniziare dal sistema operativo, registrano durante il loro funzionamento.

- **Memoria ROM** (*Read Only Memory,* memoria di sola lettura). Questa zona di memoria è, a differenza della RAM, non volatile ma **permanente** e contiene i dati fondamentali per l'avvio del computer, la sua configurazione, le caratteristiche d'uso dei componenti installati e le impostazioni di personalizzazione della fase di avvio del sistema. Questa memoria viene incisa in fase di costruzione e assemblaggio della macchina.

Hard Disk: altro importante componente, nel quale viene registrato innanzitutto il sistema operativo di base del computer e quindi tutti gli applicativi che l'utente è interessato ad utilizzare.

L'Hard disk (chiamato anche *disco fisso* o *disco rigido*) è un'unità di memorizzazione di massa, le cui principali caratteristiche sono poter contenere una grande quantità di dati e poterli conservare anche a computer spento. È costituito da uno o più dischi in metallo, ricoperti da uno strato di materiale magnetico, ognuno dei quali dotato di una testina di lettura/scrittura.

I dischi ruotano a velocità elevata, anche oltre i 10.000 giri al minuto (RPM) e la testina rimane sospesa sulla superficie del disco, così da non rovinare il rivestimento magnetico.

Altro parametro importante per la performance è il **tempo di accesso** (Medium Seek Time) misurato in millisecondi. Esso indica il tempo medio impiegato dalle testine per raggiungere un dato registrato sul disco.

Esistono anche hard disk allo **stato solido** (SSD o Solid State Disk), senza componenti in movimento, costruiti con componenti di memoria allo stato solido, simili a quelli utilizzati per la memoria RAM, molto veloci (circa il 40% in più rispetto ad un HD tradizionale) e affidabili ma attualmente più costosi.

Driver: con questo termine si indica genericamente un "dispositivo". Si parla quindi di driver CD o DVD, intendendo il dispositivo di lettura o scrittura per i supporti magneto-ottici. Fino a poco tempo fa, ogni computer era dotato di un driver per i floppy disk, oggi in disuso.

Alimentatore: fornisce energia elettrica alla scheda madre e agli altri componenti presenti. Si tratta di un convertitore che modifica la tensione elettrica da alternata (AC) in continua (DC).

3. Tipologie di collegamento (BUS)

Le memorie di massa, quali dischi rigidi, lettori e masterizzatori di CD e DVD, ecc., sono collegate alla CPU con interfacce specifiche. Di seguito le caratteristiche principali delle più usate:

- **ATA** (Advanced Technology Attachment): nome che il gruppo X3T10 dell'ANSI (American National Standards Insitute) ufficialmente utilizza per quello che comunemente è chiamato IDE
- **IDE** (Integrated Drive Electronics): interfaccia standard per collegare dischi rigidi alla scheda madre del computer. Sebbene originariamente sia stata progettata per il bus a 16 bit ISA (Industrial Standard Architecture, di IBM), è largamente utilizzata anche da computer che utilizzano altre architetture. Apple ha cominciato ad adottarla, al posto della SCSI, a partire dai Machintosh Performa. Attualmente i computer utilizzano una versione estesa, spesso integrata nella motherboard della IDE, la EIDE
- **EIDE** (Enhanced o Expanded IDE): versione estesa dell'interfaccia IDE che consente di indirizzare dischi di capacità maggiori di 528 MBytes. L'interfaccia EIDE è più veloce della IDE, supporta la tecnologia DMA (Direct Memory Access), supporta dischi aggiuntivi e, poichè include anche la tecnologia ATAPI, può gestire CD-ROM e unità a nastro. EIDE è stato riconosciuto come standard dall'ANSI nel 1994 con il nome di **ATA-2**, comunemente conosciuto anche come "**Fast ATA**"
- **ATAPI** (Advanced Technology Attachment Packet Interface): interfaccia che supporta i comandi per controllare i CD-ROM, le unità a nastro ed è integrata nell'interfaccia EIDE

- **Ultra ATA/66** (conosciuta come **Ultra DMA/66**): tecnologia che consente velocità di trasferimento dati fino a 66,6 MBps contro i 33,3 MBps dell'ATA normale
  Ultra ATA/100 (simile alla ATA/66): consente una velocità di trasferimento fino a 100 MBps. Interfacce Ultra ATA/100 o Ultra ATA/66 sono compatibili con dischi ATA standard

- **SATA** o **S-ATA**: (**Serial-ATA**): standard basato su una trasmissione seriale dei dati anziché parallela (come invece succede nella ATA tradizionale, che a questo punto viene chiamata anche PATA: Parallel-ATA). I vantaggi di SATA sono notevoli: maggior velocità, cavi molti più sottili (7 conduttori anziché i 40 dell'ATA tradizionale), lunghezze di cavo maggiori, minor sensibilità alle interferenze, voltaggio del segnale decisamente più basso (250mV anziché i 5V dell'ATA tradizionale)

Recentemente la tecnologia SATA è divenuta lo standard di collegamento dei dischi rigidi. L'architettura Serial ATA prevede un'affidabilità maggiore rispetto all'ATA garantita da un controllo di ridondanza ciclica (CRC) dei dati e dei comandi. Tutti i cavi da 40 e 80 contatti (pin) che siamo abituati a vedere sono sostituiti da cavi sottili, che migliorano la circolazione del flusso d'aria all'interno del Cabinet e possono disporre di un estensione maggiore di quella attuale.

L'attuale velocità massima di trasmissione del bus SATA è di circa 150 MB/s, con il SATA II aumenta fino a 300 MB/s mentre con lo standard SATA III raggiunge i 600 MB/s.

Porte di comunicazione: consentono lo scambio dei dati tra un dispositivo di input e il processore o tra il processore e un dispositivo di output. In un computer le principali porte di comunicazione sono:

- Porte **seriali** (RS-232): consentono il collegamento di vari dispositivi che utilizzano la trasmissione "in serie" dei dati
- Porte **parallele** (LPT): utilizzate per collegare stampanti o plotter
- Porte **USB** (Universal Serial Bus): collegano mouse, tastiere, stampanti, hard disk esterni ed altre periferiche. I dispositivi che supportano lo standard **hot swap** possono essere collegati e scollegati "a caldo" senza la necessità di riavviare il computer
- Porte **FIREWIRE**: sono seriali e consentono un trasferimento molto veloce dei dati. Sviluppate inizialmente dalla Apple Computer, vengono utilizzate da molti dispositivi di archiviazione o di acquisizione video. Esistono due tipi di standard Firewire: il 400 che può trasferire dati fino a 400 Mbit/sec e l'800 fino a 800 Mbit/sec.
- Porte **BLUETOOTH**: consentono lo scambio di dati senza fili tra dispositivi mediante una frequenza radio sicura a corto raggio (fino a 10 metri circa). La loro velocità è più limitata rispetto a quella delle porte descritte in precedenza. Esistono 2 standard Bluetooth con le seguenti caratteristiche:

  - Versione 1.1 fino a 723 Kbit/sec

- ▪ Versione 2 fino a 3 Mbit/sec

- Porte **THUNDERBOLT:** sviluppate da Intel in collaborazione con Apple Computer, permettono di collegare una vasta gamma di dispositivi multimediali quali fotocamere digitali, schermi, riproduttori audio/video e unità di memorizzazione. Sono attualmente le porte di comunicazione più veloci ed arrivano ad un trasferimento di dati fino a 10 Gbit al secondo
- Porte **WI-FI**: tecnologia che consente la trasmissione delle informazioni in Wireless, cioè senza fili
- Porte di **RETE**: consentono il collegamento della scheda di rete presente nel computer alla rete domestica o aziendale

4. Periferiche

Le **stampanti** possono essere suddivise per tecnologia in: stampanti ad AGHI, a GETTO D'INCHIOSTRO e LASER. In commercio di trovano dispositivi per la stampa in bianco e nero o a colori. La qualità della stampa viene misurata il *punti per pollice* (**DPI** o Dots per Inch).

Le stampanti ad aghi utilizzano una testina composta da 7 a 24 aghi a testa piatta i quali impattano su un nastro inchiostrato sotto al quale scorre la carta. L'impatto della testina lascia un punto sul foglio, da qui la misurazione della risoluzione in punti per pollice.

Le stampanti a getto d'inchiostro utilizzano uno o più serbatoi d'inchiostro liquido che viene spruzzato sotto forma di micro gocce, direttamente sul foglio da stampare.

La tecnologia di stampa laser utilizza un raggio di luce laser che "disegna" il contenuto della pagina sul foglio di carta. Dove passa il laser, la carta viene caricata elettrostaticamente con cariche positive, mentre il resto del foglio è caricato negativamente. Il foglio passa quindi sotto al serbatorio del toner che viene attratto dalle zone con carica positiva e si deposita in queste aree. Il foglio passa quindi in un forno ad alta temperatura che fonde il toner è lo attacca alla carta.

Le stampanti ad aghi, con testina a 24 aghi, arrivano ad una risoluzione di circa 140 dpi, mentre le stampanti a getto d'inchiostro o laser partono da una risoluzione di 300 dpi e arrivano anche a superare i 1000 dpi.

mouse: consente di inviare un input ad un computer in modo tale che ad un suo movimento ne corrisponda uno analogo di un indicatore grafico sullo schermo (puntatore). È dotato di uno o più tasti ai quali sono associabili differenti funzioni. A seconda dell'architettura il mouse può prendere forme e funzionalità differenti, abbiamo quindi dispositivi meccanici (con una pallina che funge da guida) oppure ottici (che utilizzano un raggio laser come sensore), dispositivi TouchPad e TrackBall.

5. Sistemi operativi

Il sistema operativo è un insieme di programmi che consente l'operatività di base di un computer gestendo le risorse hardware, il processore, la gestione e la memorizzazione delle informazioni e l'interfaccia utente, ovvero il sistema di dialogo tra utente e macchina.

È dunque un componente essenziale del sistema di elaborazione che funge da "base" al quale si appoggiano gli altri software, che dunque dovranno essere progettati e realizzati in modo da essere riconosciuti e supportati da quel particolare sistema operativo.

Un sistema operativo prevede la seguente struttura:

Il **Kernel** rappresenta un gruppo di funzioni fondamentali, strettamente interconnesse fra loro e con l'hardware. Esso fornisce le funzionalità di base per tutte le altre componenti del sistema operativo che assolvono le loro funzioni servendosi dei servizi che esso offre. A seconda del tipo di sistema operativo il kernel può inglobare altre parti (kernel *classico*, monolitico o modulare) o fornire solo funzioni base delegando più funzioni possibili a oggetti/gestori esterni.

Il sistema di **gestione** della memoria **RAM** che alloca la memoria primaria richiesta dai programmi e dal sistema operativo stesso, salva sulla memoria di massa le zone di memoria temporaneamente non usate dai programmi (memoria virtuale) e garantisce che le pagine vengano riportate in memoria se richieste.

Lo **Scheduler** scandisce il tempo di esecuzione dei vari processi e assicura che ciascuno di essi venga eseguito per il tempo richiesto. Esso gestisce anche lo *stato* dei processi e può sospenderne l'esecuzione nel caso questi siano in attesa (esempio classico è la richiesta di dati da disco). Nei sistemi operativi *realtime* lo scheduler si occupa anche di garantire una *timeline*, cioè un tempo massimo di completamento per ciascun task (compito) in esecuzione.

Il gestore di **File System** si occupa di gestire le richieste di accesso alle memorie di massa. Viene utilizzato ogni volta che si accede a un file sul disco e oltre a fornire i dati richiesti tiene traccia dei file aperti e dei permessi di accesso ai file. Inoltre si occupa anche e soprattutto della gestione logica dei dati memorizzati sul computer (struttura delle directory, ecc.).

Lo **Spooler** riceve dai programmi i dati da stampare e li stampa in successione, permettendo ai programmi di proseguire senza dover attendere la fine del processo di stampa.

L'**intefaccia utente (Shell)** consente agli utenti di interagire con la macchina.

A seconda dei casi, un particolare sistema operativo può avere tutti questi componenti o solo alcuni. Un'ulteriore differenza fra i sistemi operativi è data dal tipo di comunicazione fra le varie componenti: i sistemi operativi classici sono basati su chiamate dirette di funzioni, mentre molti sistemi operativi moderni, soprattutto quelli che adottano microkernel, si basano sul *message passing*, vale a dire lo scambio di messaggi fra le loro varie parti e fra il sistema operativo e i programmi che sono in esecuzione.

Capitolo 2 - LE RETI DI COMPUTER

1. Il Modello OSI

L'Open Systems Interconnection (meglio conosciuto come modello ISO/OSI) è uno standard per reti di calcolatori stabilito nel 1978 dall'International Organization for Standardization, il principale ente di standardizzazione internazionale, caratterizzato da un'architettura a strati composta da una pila di protocolli suddivisa in 7 livelli, i quali insieme espletano in maniera logico-gerarchica tutte le funzionalità della rete.

Vista la necessità di produrre una serie standard per le reti di calcolatori, nasce il progetto OSI (Open Systems Interconnection), un modello standard di riferimento per l'interconnessione di sistemi di computer. Il documento che illustra tale attività è il Basic Reference Model di OSI, noto come standard ISO 7498.

I livelli sono elencati di seguito:

7) APPLICAZIONE
6) PRESENTAZIONE
5) SESSIONE
4) TRASPORTO
3) RETE
2) DATA LINK
1) FISICO

Ognuno di questi livelli è responsabile della codifica di apparecchi e protocolli con la finalità di produrre comunicazioni affidabili:

Il livello **fisico** specifica le caratteristiche del cavo di collegamento delle macchine in rete, dei connettori, ecc.

Il livello **data link** specifica come il livello fisico trasmette i dati ricevuti dal livello di rete. In altre parole questo livello crea e ricostruisce i bit che costituiscono le informazioni da trasmettere al ricevente utilizzando i protocolli ARP (Address Resolution Protocol) e RARP (reverse ARP).

Il livello di **rete** controlla la trasmissione dei dati fra computer ed il modo in cui la rete individua gli host. Il livello rete contiene il protocollo IP (che utilizza il datagram – una struttura a pacchetto per veicolare i dati in modo modulare) ed è il nucleo centrale delle reti TCP/IP. I protocolli ICMP (Internet Control Management Protocol) e IGMP (Internet Group Management Protocol) sono di aiuto al protocollo per gestire messaggi di errore o particolari tipi di messaggi.

Il livello **trasporto** controlla la trasmissione dei dati attraverso il livello rete. Ne fanno parte protocolli TCP e UDP. Il protocollo TCP è orientato alla connessione ossia quando invia dei dati ne verifica l'avvenuta ricezione (detto "bytestream affidabile"). Il protocollo UDP al contrario non è affidabile in quanto invia i dati usando datagram e non ne verifica la ricezione (come fa IP).

Il livello **applicazione** non deve fare altro che inviare o ricevere i dati al o dal livello trasporto. Ad esempio un browser riceve i dati in arrivo dal livello trasporto e li converte in una forma comprensibile all'applicazione.

2. Le specifiche IEEE 802

Lo IEEE, Institute of Electrical and Electronic Engineers, è un'associazione internazionale di scienziati professionisti nata con lo scopo di promuovere le scienze tecnologiche.

L'IEEE 802 LAN/MAN Standards Committee (LMSC) è una commissione dell'IEEE preposta a sviluppare standard per le reti locali (LAN) e le reti metropolitane (MAN). Più precisamente, gli standard "802" sono dedicati alle reti che hanno pacchetti di lunghezza variabile, escluse le reti basate su cella (cellula) di lunghezza fissa e le reti "isocrone", nelle quali i pacchetti sono spediti su base temporale periodica.

La famiglia degli standard IEEE 802 è mantenuta dal comitato "IEEE 802 LAN/MAN Standards Committee" (LMSC). Da questa commissione sono stati definiti gli obiettivi di molti gruppi che hanno sviluppato standard famosi come l'Ethernet, il Token Ring, le WLAN il Bridging e le LAN con Bridge Virtuali. Ogni gruppo è concentrato su una specifica area di ricerca.

La seguente tabella illustra gli standard del gruppo 802:

802.1	Internetworking
802.2	Logical Link Control (LLC)
802.3	Carrier Sense Multiple Access with Collision Detection (CSMA/CD) LANs (Ethernet)
802.4	LAN Token Bus
802.5	LAN Token Ring
802.6	Metropolitan Area Network (MAN)
802.7	Broadband Tecnichal Advisory Group
802.8	Fiber Optic Technical Advisory Group
802.9	Integrated Voice and Data Networks
802.10	Network Security
802.11	Wireless Networks
802.12	Demand Priority Access LAN, 100BaseVG-AnyLAN

3. Protocolli di rete

I protocolli di **rete** forniscono informazioni sugli indirizzi, sull'instradamento, sugli errori e stabiliscono le regole della comunicazione.

- **DDP** (Delivery Datagram Protocol) usato in Apple Talk per i computer Macintosh
- **APPC** (Advanced Program-to-Program Communication) sviluppato da IBM per i computer AS/400
- **HDLC** (High Level Data Link Control) sviluppato da IBM
- **IP** (Internet Protocol) fornisce informazioni sugli indirizzi e sull'instradamento dei dati; è multipiattaforma ma è un protocollo molto pesante per il sovraccarico che genera nella rete
- **IPX** (Internetworks Packet eXchange) è uguale a IP, creato dalla Novell
- **NETBIOS** sviluppato per computer IBM, non è instradabile, è molto veloce ma ha pochi strumenti per la risoluzione degli errori ed è quindi meno affidabile
- **XNS** (Xerox Networks System) creato dalla Xerox e rappresenta la base di IPX/SPX della Novell

4. Protocolli di trasporto

Questi protocolli sono responsabili di assicurare la consegna di dati affidabili tra computer

- **ATP** (Apple Talk Transaction Protocol) gestisce la sessione di trasporto dati in Apple Talk (MAC)
- **NetBIOS/NetBEUI** stabilisce e gestisce comunicazioni tra computer

- **SPX (Sequenced Packet eXchange)** protocollo della Novell usato per garantire la consegna dei dati
- **TCP** (Transmission Control Protocol) porzione del pacchetto TCP/IP responsabile della consegna di dati affidabili

5. Protocolli delle applicazioni

Sono responsabili per i servizi da applicazione ad applicazione

- **AFP** (Apple Talk File Protocol) gestisce i file remoti della Apple Talk (MAC)
- **FTP** (File Transfert Protocol) fornisce servizi di trasferimento dei file ed è parte del TCP/IP
- **NCP** (NetWare Core Protocol) shell client e reindirizzatori della Novell
- **POP** (Post Office Protocol) responsabile della ricezione della posta elettronica da un server previa autenticazione dell'utente
- **SMTP** (Simple Mail Transport Protocol) è parte del TCP/IP e responsabile del trasferimento delle e-mail nello specifico, della fase di invio della posta elettronica
- **SNMP** (Simple Networks Management Protocol, parte del TCP/IP) gestisce e controlla alcuni dispositivi di rete come stampanti e scanner che lo utilizzano

6. Il protocollo TCP/IP

Il protocollo TCP/IP è oggi lo standard di fatto utilizzato nelle comunicazioni di rete LAN e Internet. Nasce nel 1973, anno nel quale la Defense Advanced Research Project Agency (DARPA) inizia un progetto per lo sviluppo dell'inteconnessione di calcolatori eterogenei e lo scambio di informazioni tra di essi. Alla fine degli anni '70 viene messo a punto l'Internet Protocol Suite.

Il protocollo TCP/IP è un protocollo **routable**, cioè utilizza indirizzi specifici per differenziare i computer collegati in rete. Esistono due versioni del protocollo: v4 e v6. La versione v4 utilizza un indirizzo composto di 4 terne di numeri che identificano l'appartenenza del computer ad una determinata rete, mentre la v6 utilizza 6 terne di numeri quindi con molte più combinazioni possibili.

Esso è composto di due parti: il **TCP** (Trasmission Control Protocol) incaricato di controllare la corretta trasmissione dei dati che si occupa della suddivisione del messaggio in "pacchetti" (protocollo di trasporto) e l'**IP** (Internet Protocol) che è destinato all'invio al corretto destinatario (protocollo di rete).

Il formato comunemente utilizzato per scrivere questi indirizzi è numerico e raggruppa i 32 bit in quattro numeri da 0 a 255, separandoli con un punto; ad esempio un indirizzo potrebbe essere 192.168.2.1.

È da notare come negli indirizzi IP, non vengano utilizzati i numeri 0 e 255 che assumono significati particolari.

Poiché Internet è una rete di reti, ovvero è composta da molte migliaia di reti collegate tra loro, è stato creato uno specifico schema di assegnazione degli indirizzi IP per evitare che, con una simile diffusione, potessero crearsi una serie di conflitti dovuti all'utilizzo dei medesi valori; il gestore principale è il NIC (Networks Information Center).

Le reti sono quindi state divise in 3 classi secondo la dimensione.

Per le reti di **classe A** il NIC provvede all'assegnazione al gestore della rete stessa del solo primo byte dell'indirizzo, da 1 a 127 lasciando all'amministrazione interna la gestione dei 16 milioni di possibili indirizzi di cui potrà disporre.

Potranno quindi esserci solamente 127 reti di classe A collegate direttamente a Internet, queste sono di solito assegnate a grandi enti pubblici o educativi o ad aziende multinazionali.

Le reti di **classe B** sono invece assegnate utilizzando i primi due byte il cui primo sarà da 128 a 191, generando così 16000 reti che potranno disporre di 65000 computer ciascuna e sono normalmente utilizzate per aziende di grandi dimensioni.

Infine le reti di **classe C**, normalmente utilizzate per la maggior parte dei provider e delle aziende di medio-piccole dimensioni, sono assegnate utilizzando i primi 3 byte di cui il primo compreso tra 192 e 254, generando così 4 milioni di reti con un massimo di 255 computer ciascuna.

Per discriminare la numerazione dei computer collegati ad Internet da quella delle macchine appartenenti a reti interne (LAN), sono state differenziate due categorie di indirizzi.

Gli indirizzi **pubblici**, utilizzati nella rete Internet, sono suddivisi nella seguente classificazione:

- **Classe A**: da 0.0.0.0 a 127.127.127.127
- **Classe B**: da 128.0.0.0 a 191.191.191.191
- **Classe C**: da 192.0.0.0 a 223.223.223.223

Gli indirizzi **privati** invece si utilizzano esclusivamente all'interno delle reti LAN:

- **Classe A**: per reti di grandi dimensioni. Prevedono 7 bit per la rete e 24 per l'host. Si ottengono 128 reti con 16 milioni di host ciascuna. Valore del primo campo tra 0 e 127 (Es. 10.2.2.21)

da 10.0.0.0 a 10.255.255.255 (1 rete per 16 milioni di computer l'una)

- **Classe B**: con 14 bit per la rete e 16 per l'host quindi descrivono 16.000 reti con 64.000 host ciascuna. Valore del primo campo tra 128 e 191 (Es. 129.10.10.31)
  -

da 172.16.0.0 a 172.31.255.255 (16 reti per 1 milione di computer l'una)

- **Classe C**: con 14 bit per la rete e 16 per l'host quindi descrivono 16.000 reti con 64.000 host ciascuna. Valore del primo campo tra 128 e 191 (Es. 129.10.10.31)

da 192.168.0.0 a 192.168.255.255 (256 reti differenti con 65.000 computer l'una)

- **Classe D**: indirizzi riservati ad applicazioni multicast (nelle reti è la distribuzione simultanea di informazione verso un gruppo di destinatari) con primo campo tra 224 e 239
- **Classe E**: indirizzi riservati per usi futuri con valore del primo campo tra 240 e 255

Esistono indirizzi particolari riservati a scopi specifici, ad esempio: **127.0.0.1** è l'indirizzo riservato all'interfaccia di rete ed è utilizzato per testare in locale le applicazioni di rete. In una classe C l'IP **192.168.0.0** viene utilizzato per identificare la rete (indirizzo di rete e quindi non viene assegnato ad una macchina).

L'indirizzo 192.168.0.255 si definisce indirizzo di **broadcast** e serve a trasmettere a tutti gli host di quella rete (non viene quindi utilizzato su una macchina).

La suite TCP/IP si basa su una tecnologia "priva di connessione", in pratica non c'è una connessione fisica permanente tra due host (es. una telefonata) e le informazioni sono inviate in rete singolarmente arrivando a destinazione seguendo percorsi differenti.

Al momento di una comunicazione con il protocollo TCP, i due terminali devono stabilire una connessione. Il terminale emittente (client) chiede la connessione al terminale ricettore (server). I terminali di un tale ambiente comunicano in modo connesso, la comunicazione è bidirezionale.

Per permettere il buon svolgimento del processo e di tutti i controlli che l'accompagnano, i dati sono incapsulati, cioè viene aggiunta un'intestazione ai pacchetti di dati che permette di sincronizzare le trasmissioni e di assicurarne la ricezione.

Si forma così il cosiddetto DATAGRAM:

Un'altra particolarità del TCP è quella di poter regolare la banda passante dei dati grazie alla sua capacità di emettere dei messaggi di dimensione variabile, questi messaggi sono detti *segmenti*.

Oltre all'indirizzo di rete, il TCP/IP utilizza anche una **maschera di sottorete** che serve a definire il range di appartenenza di un computer all'interno di una sottorete IP al fine di ridurre il traffico di rete e facilitare la ricerca e il raggiungimento di un determinato computer con relativo indirizzo IP della stessa. Una volta individuata la sottorete di appartenenza il protocollo IP opererà l'*instradamento indiretto* per raggiungere quella sottorete, seguito poi dall'*instradamento diretto* tramite l'Host-Id per raggiungere l'host in quella sottorete tramite i protocolli della sottorete locale.

La maschera di sottorete permette al dispositivo di rete di ricercare il destinatario all'interno di un range ben definito senza dover ricorrere all'uso di un router che funga da gateway con un'altra rete.

Un esempio di maschera di sottorete è 255.255.255.0

Anche per le maschere di sottorete esistono tre tipi di mascherature di un indirizzo IP e sono denominate classi:

- **Classe A** 255.0.0.0
- **Classe B** 255.255.0.0
- **Classe C** 255.255.255.0

In una rete LAN la configurazione degli indirizzi IP di un computer può essere fatta manualmente dall'operatore (indirizzi di tipo **statico**) o automaticamente da un server di rete che eroga il servizio DHCP (Dynamic Host Configuration Protocol o configurazione dinamica del computer ospite, in questo caso si parla di indirizzo **dinamico**).

Il TCP fornisce una visione dei dati come flusso di informazioni ed è in grado di ricevere e riassemblare i pacchetti con lo stesso ordine con cui sono stati trasmessi. Anche per questi motivi viene definito un **protocollo Reliable** (affidabile).

Il protocollo è codificato secondo il modello OSI ed utilizza i seguenti livelli della rappresentazione:

- APPLICAZIONE
- TRASPORTO
- INTERNET
- INTERFACCIA DI RETE FISICO

Ognuno dei 4 livelli offre servizi ai livelli adiacenti. Il lavoro di ogni livello è quello di ricevere i pacchetti, aggiungere o togliere le informazioni di controllo descritte dal protocollo del livello stesso ed inoltrare il nuovo pacchetto al livello successivo.

Ogni livello presenta più protocolli: una specie di "dialetti" della lingua principale, che assolvono diversi ed importantissimi compiti durante la creazione e l'instradamento (*routing*) dei dati.

APPLICAZIONE	Telnet, FTP, SSH, SMTP, POP3, IMAP
TRASPORTO	TCP, UDP
INTERNET	IP: ICMP, ARP, RARP, Protocolli di routing
INTERFACCIA DI RETE FISICO	Non specificati

Ognuno dei protocolli di Applicazione si occupa di fornire servizi associati alla trasmissione dei dati. Ad esempio il sistema FTP è dedicato al trasferimento di file da e per computer remoti, SMTP e POP3 o IMAP si occupano dell'invio e del ricevimento della posta elettronica e così via.

In un dato momento, su un calcolatore, possono essere in esecuzione più applicazioni che inviano e ricevono dati da e verso la rete: come si fa a discriminare quali dati appartengono ad una certa applicazione?

Il TCP definisce i punti d'ingresso e d'uscita virtuali per ciascuna applicazione (chiamati Porte) che sono associati all'applicazione e indicati nel pacchetto TCP. Le porte in realtà sono due: una sull'host che invia e una su quello che riceve.

Le porte principali cui sono associati i più comuni protocolli di rete sono:

- Porta 21: FTP (servizio di trasferimento file)
- Porta 25: SMTP (servizio di invio della posta elettronica)
- Porta 22: SSH (consente connessioni cifrate sicure tra i computer di una rete)
- Porta 23: Telnet (serve a connettere terminali mediante riga di comando)
- Porta 80: http (usato come principale sistema per la trasmissione di informazioni sul web, mediante le pagine html)
- Porta 443: HTTPS (protocollo di trasmissione crittografata sicura per il mondo web)
- Porte 4500 e 500 UDP usate per le VPN (reti private virtuali che consentono il collegamento di un computer remoto alla LAN aziendale via Internet)

In tutto le porte sono 65.535.

7. Tipologie di rete

Una rete è formata dalla connessione di più computer equipaggiati con apposite schede e cablaggi. Per realizzare il collegamento occorre una parte **fisica** (scheda di rete, cablaggi, dispositivi di connessione, ecc.) e una parte **logica** (software e protocolli di comunicazione).

Esistono fondamentalmente tre tipologie di reti:

- **LAN**: rete locale di dimensioni contenute (Local Area Networks)
- **MAN**: rete metropolitana con sviluppo cittadino (Metropolitan Area Networks)
- **WAN**: rete geografica con dimensioni più ampie (Wide Area Networks)

Nella categoria delle reti LAN, o reti locali, troviamo una tipologia di rete particolare, utilizzata nelle aziende, che prende il nome di DMZ.

La **DMZ** (**De**Militarized **Z**one) è un segmento isolato di LAN raggiungibile sia da reti interne sia esterne ma caratterizzata dal fatto che le macchine (solitamente tipo server) attestate sulla DMZ hanno possibilità limitate di connessione verso i PC specifici della rete interna.

Questa configurazione viene utilizzata per permettere ai server posizionati sulla DMZ di fornire servizi all'esterno senza compromettere la sicurezza della rete aziendale interna nel caso una di tali macchine sia sottoposta ad un attacco informatico. Solitamente sulla DMZ sono posizionati i server pubblici (mail srv, web server, dns server).

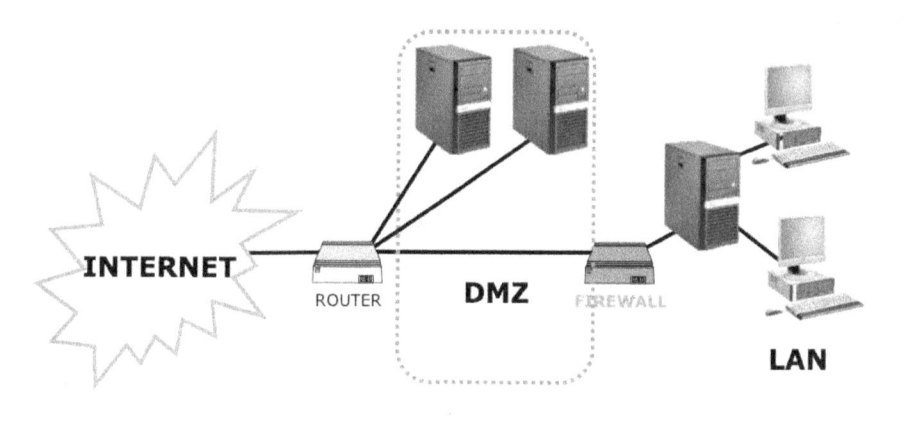

Nella categoria delle reti LAN (chiamate anche reti intranet) abbiamo un'ulteriore suddivisione.

Nelle reti **PEER-TO-PEER** tutti i computer sono considerati allo stesso livello. Nelle reti di questo tipo l'utente è in qualche modo "identificato" con il PC in quanto i suoi documenti e le risorse (stampante, scanner, ecc.) risiedono sulla macchina utilizzata per lavoro.

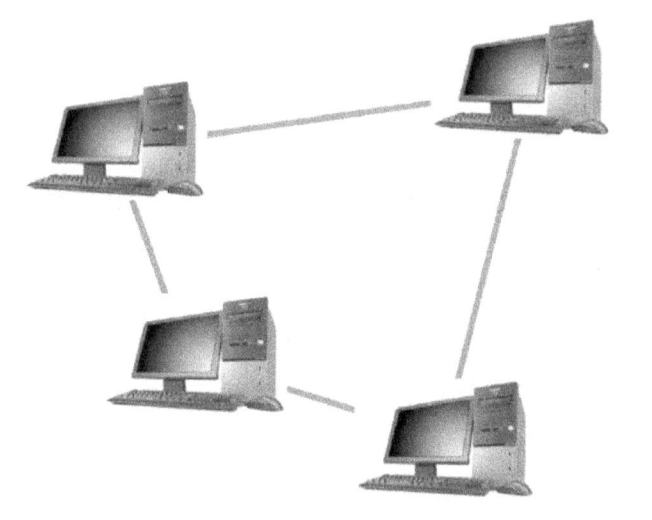

Il vantaggio delle reti di questo tipo è di poter **scambiare dati** tra PC differenti o **condividere risorse** tra differenti PC (una stampante può essere utilizzata da altri computer).

- Sono facili da installare e da configurare
- Le singole macchine non dipendono da un server dedicato
- Gli utenti possono controllare le proprie risorse condivise
- Non è una rete costosa da acquistare e da gestire
- Non è necessario avere personale specializzato che si dedichi alla gestione e all'amministrazione della rete
- È consigliata fino a circa 10 utenti

Tra gli svantaggi delle reti di questo tipo possiamo sottolineare i seguenti:

- Le politiche di sicurezza non possono essere distribuite centralmente e quindi si possono applicare solo su una macchina per volta
- Se le risorse di rete (cartelle e documenti) sono protette da password, gli utenti potrebbero trovarsi a ricordare tante password quante sono le risorse condivise
- Le politiche di backup per proteggere tutti i dati sono individuali e vanno impostate su ciascun client
- Quando si accede alle risorse condivise, la macchina su cui tali risorse risiedono subisce un calo di prestazioni
- Non esiste uno schema organizzativo centralizzato per localizzare o controllare l'accesso ai dati

Un'altra tipologia organizzativa, molto diffusa a livello aziendale, è quella delle reti **client/server** amministrate da un computer principale il quale (server) distribuisce servizi centralizzati ai PC (client) che ne fanno richiesta.

Nelle reti di questo tipo le risorse sono **centralizzate** su un computer (**Server**) il quale amministra documenti, programmi e periferiche dell'intera rete, fornendo servizi ai PC client.

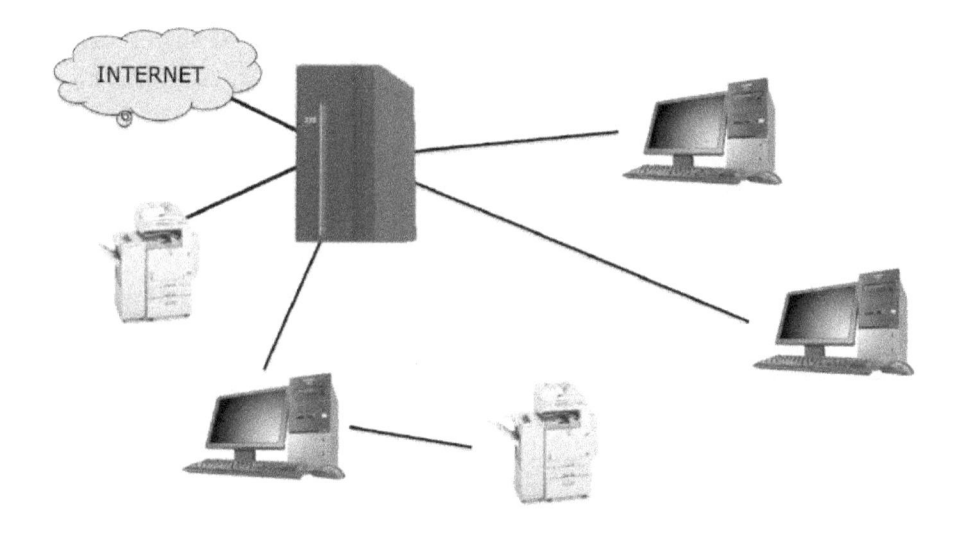

Utente e PC sono concetti separati, il computer diventa quasi un terminale della rete. L'utente diviene il soggetto fondamentale e tutte le politiche di gestione sono finalizzate alla sicurezza dei dati.

Vantaggi delle reti CLIENT/SERVER:

- Forniscono controlli centralizzati per quanto riguarda gli account utente, la sicurezza e l'accesso, caratteristica che semplifica l'amministrazione della rete
- Apparecchiature dedicate e/o più potenti significano anche un accesso più efficiente alle risorse di rete
- Gli utenti sono tenuti a ricordare una sola password di accesso alla rete, che consente loro di usufruire di tutte le risorse per le quali dispongono dell'autorizzazione

Svantaggi delle reti CLIENT/SERVER:

- Un guasto di un server può rendere inutilizzabile la rete; nel migliore dei casi un incidente si risolve in una perdita di risorse di rete
- Queste reti hanno bisogno di uno staff di esperti per gestire le complesse configurazioni software del server, fatto che si ripercuote sui costi globali
- Le spese, per l'azienda, aumentano anche in funzione delle necessità di hardware dedicato e di software specializzato
- La gestione centralizzata dei dati è più sensibile a vari tipi di attacchi e minacce (virus, ecc.).

8. Le reti VPN

Con il termine VPN (Virtual Private Network) si identifica l'espansione di una rete aziendale (ma anche domestica) mediante le tecnologie e il supporto offerto dalla rete Internet. Si tratta della possibilità di utilizzare Internet per accedere alla rete aziendale o domestica e utilizzare il PC come se fosse fisicamente collegato alla LAN, con tutti i servizi che quest'ultima può offrire (autenticazione utente, stampa, accesso a file condivisi, ecc.).

Una VPN, quindi, è una rete privata costruita utilizzando un sistema di trasmissione pubblico (in questo caso la rete telefonica). La finalità di una VPN sta essenzialmente nel risparmio di costi che essa consente, utilizzando infrastrutture non di proprietà dell'azienda o dell'individuo.

Le reti VPN utilizzano collegamenti che necessitano di autenticazione in modo da garantire l'accesso ai soli utenti autorizzati; per garantire la sicurezza che i dati inviati in Internet non siano intercettati o utilizzati da altri non autorizzati, le reti utilizzano sistemi di crittografia.

Nelle VPN viene utilizzato solitamente un dispositivo firewall tra il computer remoto o di un cliente e il terminale della rete o del server. Il dipendente, per esempio, quando stabilisce la connessione con il firewall, deve autenticare i dati che vuole trasmettere, passando attraverso un servizio di autenticazione interno.

Un utente autenticato può essere provvisto di privilegi particolari per accedere a risorse che generalmente non sono accessibili alla generalità degli utenti. La maggior parte dei programmi client richiede che tutto il traffico IP della VPN passi attraverso un "Tunnel" virtuale tra le reti utilizzando Internet come mezzo di collegamento. Dal punto di vista dell'utente ciò significa che, mentre la connessione VPN è attiva, tutti gli accessi esterni alla rete sicura devono passare per lo stesso firewall come se l'utente fosse fisicamente connesso all'interno della rete sicura. Questo riduce il rischio che soggetti esterni possano accedere alla rete privata dell'azienda.

Le tipologie di rete VPN che si possono istituire sono le seguenti:

- **Trusted VPN** (o VPN affidabile), la quale offre la sicurezza che nessun altro soggetto possa utilizzare o sfruttare la rete al di fuori dell'incaricato. In questo caso chi accede dall'esterno alla LAN deve essere dotato di un proprio indirizzo IP, mentre il gestore del servizio di collegamento deve mantenere l'integrità e l'affidabilità della connessione
- **Secure VPN** (o VPN sicura) che utilizza algoritmi di crittografia al punto di partenza delle informazioni, le quali vengono poi inviate in rete fino alla destinazione come qualsiasi altro dato per essere poi decriptate al punto di arrivo. Questo traffico criptato agisce come un *"Tunnel"* tra due reti: anche se un intruso cercasse di leggere i dati non potrebbe decifrarne il contenuto né modificarli, dato che eventuali modifiche sarebbero immediatamente rilevate dal ricevente e quindi respinte
- **Hybrid VPN** (o VPN ibrida) Le parti sicure di una Hybrid VPN possono essere controllate da un cliente o dallo stesso provider che fornisce la parte di fiducia

dell'Hybrid VPN. Qualche volta un'intera Hybrid VPN è resa sicura grazie a una Secure VPN, ma più comunemente solo una parte dell'Hybrid VPN è sicura

Le *Secure VPN* danno sicurezza, ma non assicurano i percorsi mentre le *Trusted VPN* assicurano le proprietà dei percorsi, ma non la sicurezza da intrusioni.

A causa di questi punti di forza e di debolezza sono state introdotte le Hybrid VPN. Una situazione tipica per il dispiegamento di una Hybrid VPN è quando un'azienda ha già una Trusted VPN e desidera sicurezza su una parte della VPN. Fortunatamente nessuna delle tecnologie Trusted VPN impedisce la creazione di Hybrid VPN e qualche produttore sta creando sistemi che supportano esplicitamente la creazione di servizi Hybrid VPN.

I protocolli che vengono utilizzati nella creazione di una VPN sono solitamente i seguenti:

- **IPSec** (IP security), comunemente usate su IPv4 (parte obbligatoria dell'IPv6)
- **PPTP** (point-to-point tunneling protocol), sviluppato da Microsoft
- **SSL/TLS**, utilizzate sia per il "Tunneling" dell'intera rete, come nel progetto OpenVPN, o per assicurarsi che sia essenzialmente un Web Proxy. L'SSL è un framework, molto spesso associato con il commercio elettronico, che si è rivelato di grande flessibilità ed è quindi usato come strato di sicurezza per varie implementazioni (più o meno standard) di reti private virtuali

Dal punto di vista aziendale, una VPN offre molteplici vantaggi che possono essere sinteticamente così riassunti:

- Estende la connettività geografica
- Migliora la sicurezza, dove le linee di dati non sono state criptate
- Riduce i costi di operazione
- Riduce il tempo di transito e i costi di trasporto per i clienti remoti
- Semplifica la topologia di rete in determinati scenari
- Fornisce la possibilità di reti globali
- Fornisce supporto di rete
- Fornisce compatibilità con le reti a banda larga
- Fornisce una più veloce ROI (tempo di ritorno dell'investimento) rispetto al trasporto tradizionale delle linee WAN
- Mostra una buona economia di scala

Capitolo 3 - ARCHITETTURE DI RETE

1. Topologia

Esistono differenti topologie di rete, ovvero strutture progettuali che consentono il collegamento tra i client o di questi ai server.

Reti a bus lineare

I computer sono collegati da una **dorsale**. Queste reti utilizzano schede con connettori BNC. I vantaggi di questa topologia stanno nella semplicità costruttiva poiché, oltre alle schede ed ai connettori, non necessitano di ulteriori dispositivi di collegamento. Tra gli svantaggi sottolineiamo che se si interrompe un cavo di collegamento tutta la rete è paralizzata. Sono inoltre, reti molto trafficate perché quando un computer trasmette un pacchetto in realtà lo invia a tutti gli altri computer della rete. Per questi fondamentali motivi stanno scomparendo. Ai lati della dorsale vengono posti dei **terminatori** (resistenze da 50 Ohm che distruggono il pacchetto una volta avvenuta la comunicazione).

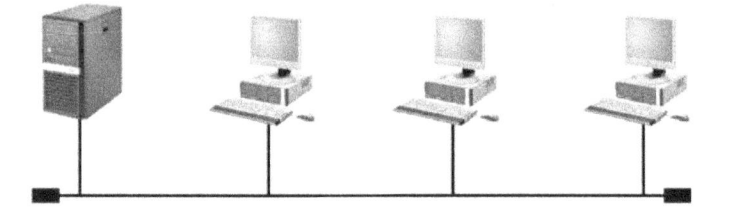

Reti ad anello – Token ring

Queste reti hanno una configurazione ad anello chiuso. In esse gira un "gettone", detto Token, che viene caricato delle informazioni destinate ad un particolare computer, il gettone ruota nell'anello fino a raggiungere l'host di destinazione, il quale preleva le informazioni e rimette il gettone nell'anello. I vantaggi di questa topologia stanno nella sicurezza intrinseca della rete che risulta molto difficile da violare dall'esterno e nel fatto che sono assolutamente poco "trafficate", ma anche in questo caso, se si interrompe l'anello, l'intera rete risulta paralizzata.

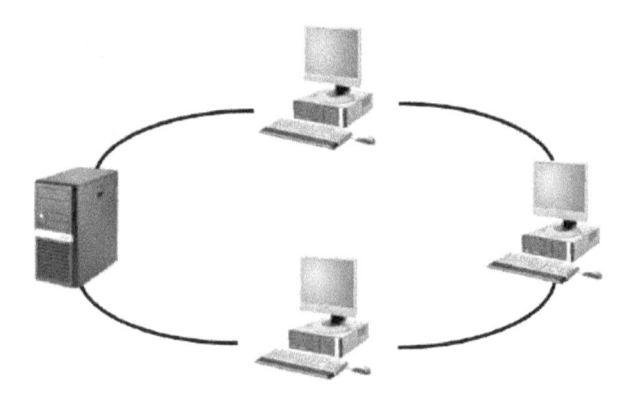

Reti a stella

Utilizzano un dispositivo concentratore (HUB o SWITCH) al quale sono collegati i computer via cavo. Se si interrompe una linea di comunicazione, la rete funziona ugualmente e le altre macchine possono continuare a comunicare. Occorrono però dei dispositivi aggiuntivi per realizzarle. Questa topologia è attualmente l'architettura più diffusa.

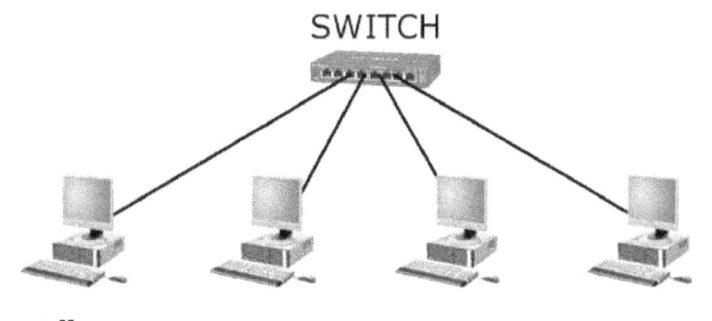

Reti miste lineari - stella

Queste reti sommano l'architettura di quelle a bus con quelle a stella. Vengono utilizzate quanto le distanze da coprire sono maggiori (magari utilizzando cavi in fibra ottica). Vantaggi e svantaggi sono quelli descritti in precedenza.

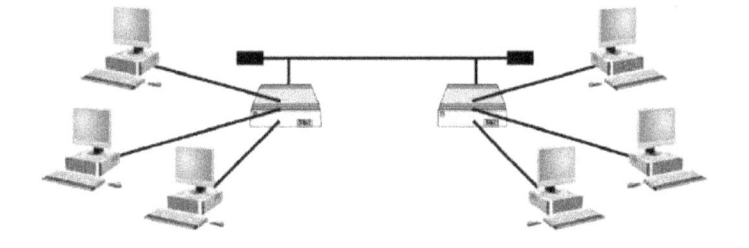

Reti a maglia

Questa topologia viene utilizzata per reti ad altissima sicurezza, nelle quali non è pensabile una situazione di isolamento di un computer dalla rete. In pratica ogni macchina è collegata a tutte le altre e per questo è equipaggiata con più schede di rete. In caso una linea di collegamento venga interrotta, sarà comunque possibile raggiungere un determinato computer utilizzando una via alternativa. Questa struttura viene oggi utilizzata per collegare server "mission critical" cioè destinati a scopi particolari come la gestione di armamenti strategici o gestione di sistemi di sopravvivenza per l'uomo (apparecchi medicali o simili).

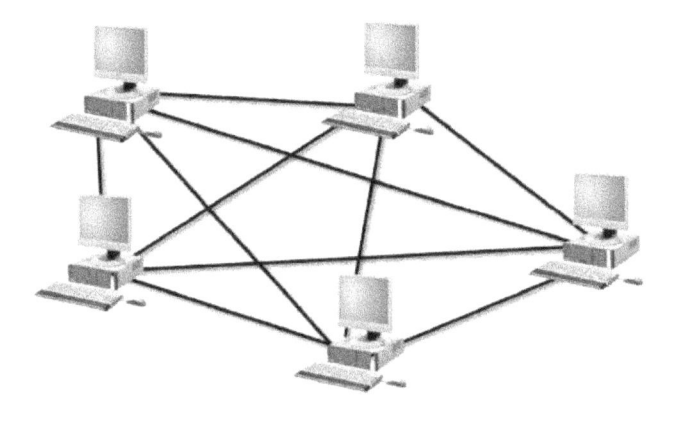

Reti wireless

Le reti senza fili a basso costo sono divenute rapidamente popolari verso la fine degli anni '90 e primi anni 2000 poiché permettono di minimizzare il cablaggio dei cavi di collegamento di rete usati nelle reti ethernet tradizionali, riducendo drasticamente i costi d'impianto oltre ad offrire una certa mobilità nell'accesso.

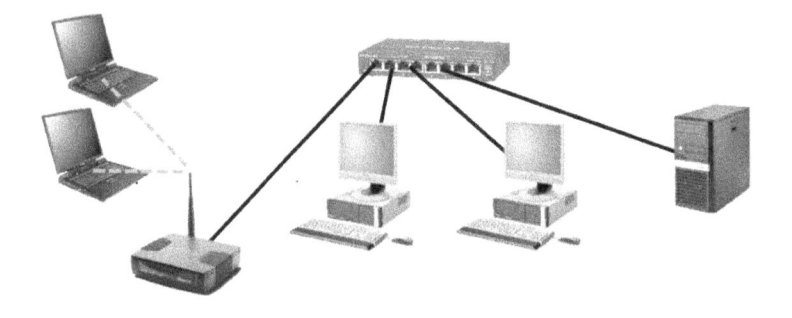

Le tipologie di rete wireless sono:

- **WPAN** (Wireless Personal Area Networks), utilizzate a livello domestico
- **WLAN** (Wireless Local Area Networks) normalmente conosciute anche con il termine Wi-fi.
- **WAN** (Wide Area Networks) wireless
- **BWA** (Broadband Wireless Access), che sta conoscendo grande diffusione grazie alla tecnologia WiMAX

a queste si aggiungono:

- **Reti Cellulari radiomobili** come GSM, GPRS, EDGE, UMTS, HSPA.
- **Reti satellitari** formate da stazioni ricetrasmittenti posizionate a terra, collegate con satelliti artificiali posti in orbita.

Le reti locali Wireless possono utilizzare come mezzo trasmissivo le **onde radio**, la **luce infrarossa** o i **sistemi laser**.

Le onde radio vengono utilizzate dalle reti tipo Wi-Fi cioè reti che devono coprire ambienti eterogenei dove le diverse postazioni da collegare non sono necessariamente visibili.

Le reti basate su infrarossi sono utilizzate per collegare dispositivi a portata ottica, sono lente e spesso utilizzano dispositivi dedicati, infatti sono in disuso, sostituite quasi totalmente dai dispositivi Bluetooth.

Le reti basate su laser vengono utilizzate normalmente per collegare sottoreti costruite utilizzando altre tecnologie, il Laser viene utilizzato per la sua elevata velocità di trasmissione. Un esempio tipico è il collegamento delle reti di due edifici vicini.

I principali standard di riferimento sono:

- **Bluetooth** per la connessione computer-periferiche (usato anche per connessioni tra telefoni cellulari)
- **IEEE 802.11** per le reti WLAN
    - **HIPERLAN** (soluzione standard europeo alternativo a IEEE)
- **IEEE 802.16** per le reti metropolitane W-MAN
- **GPRS, EDGE UMTS HSDPA** per la trasmissione dati sulla rete telefonica cellulare GSM
- **HSDPA** per la trasmissione di dati ad alta velocità su reti cellulari radiomobili
- progetto **Open Spectrum**

Per quanto riguarda la tecnologia Bluetooth si differenziano due capacità di trasporto differenti: versione 1.1 a 723,1 Kbit/sec oppure versione 2 a 3 Mbit/sec.

E tre classi di dispositivi con potenza e raggio operativo differenziati:

- **Classe 1** Pot. 100 mW fino a 100 mt.
- **Classe 2** Pot. 2,5 mW fino a 10 mt.
- **Classe 3** Pot 1 mW fino a 1 mt.

Le trasmissioni in rete senza fili sono regolate da appositi standard. In particolare l'IEEE (Institute of Electrical and Electronic Engineers) 802.11 definisce un insieme di standard di trasmissione per le reti WLAN, sotto forma di varie release, sviluppato dal gruppo 11 dell'IEEE 802, con particolare riguardo al livello fisico e MAC del modello ISO/OSI specificando sia l'interfaccia tra client e base station (o access point) sia tra client wireless.

Standard	Frequenza	Velocità di trasferimento (Mb/s)	Modulazioni utilizzate
802.11 legacy	FHSS, 2,4 GHz, IR	1, 2	
802.11a	5,2, 5,4, 5,8 GHz	6, 9, 12, 18, 24, 36, 48, 54	BPSK, QPSK, 16-QAM, 64-QAM
802.11b	2,4 GHz	1, 2, 5.5, 11	DBPSK, DQPSK
802.11g	2,4 GHz	1, 2, 5.5, 6, 9, 11, 12, 18, 24, 36, 48, 54	DBPSK, DQPSK, BPSK, QPSK, 16-QAM, 64-QAM
802.11n	2,4 GHz, 5,4 GHz	1, 2, 5.5, 6, 9, 11, 12, 18, 24, 36, 48, 54, 125, 144, 300	BPSK, QPSK, 16-QAM, 64-QAM

Oggi la tecnologia wireless sta compiendo passi enormi. Un esempio nelle telecomunicazioni è la tecnologia il **WiMAX** (acronimo di Worldwide Interoperability for Microwave Access) si tratta di uno standard tecnico di trasmissione che consente l'accesso di tipo wireless a reti di telecomunicazioni a banda larga (BWA - Broadband Wireless Access).

L'acronimo è stato creato dal WiMAX Forum, un consorzio con più di 420 aziende il cui scopo è sviluppare, promuovere e testare l'interoperabilità di sistemi basati sullo standard IEEE 802.16, conosciuto anche come WirelessMAN (Wireless Metropolitan Area Networks).

Può coprire distanze fino a 120 Km. e fino a 70 Mbit/s.

Se consideriamo invece le tecnologie utilizzate nelle reti cellulari, anch'esse parte della categoria delle reti wireless, il discorso sarebbe molto ampio e non pertinente con la tematica qui trattata. Sinteticamente le tecnologie utilizzate e le velocità di trasporto dei pacchetti di dati sono le seguenti:

- **GPRS**: **30-70 Kb/s** (General Packet Radio Service, 2,5G) raggiungono velocità di download di circa 40 Kbps, e di 10 Kbps in upload, leggermente inferiore a quella delle vecchie connessioni internet via modem

- **EDGE Edge** (Enhanced Data rates for GSM Evolution, 2,75G) uniscono diversi canali Gprs in parallelo per arrivare a velocità di circa 200 Kbps in download. In Italia, il sistema Edge è impiegato da Tim e, in misura minore, da Wind
- **UMTS** (Universal Mobile Telecommunications System, 3G) è una tecnologia che lavora su frequenze diverse da quelle impiegate dal sistema GSM, riesce a raggiungere velocità di collegamento molto più alte (1,8 Mbps in download e 384 kbps in upload nella variante **Super Umts/2+**) e tempi di risposta nettamente più veloci. Oltre a navigare e scambiare email con il cellulare, con l'Umts diventa abbastanza soddisfacente anche l'utilizzo di un computer, con un'esperienza simile a quella delle connessioni via cavo
- **HSDPA** (High Speed Downlink Packet Access, 3,5G) unisce diversi canali Umts per raggiungere la velocità massima di download di 3,6 o 7,2 Mbps (in base al servizio disponibile in zona). La velocità in upload rimane più o meno quella dell'Umts. Per chi ha bisogno di velocità superiori in upload, per esempio per spedire file o email con allegati pesanti, gli operatori stanno introducendo la tecnologia **Hsupa** (High Speed Uplink Packet Access, 3,5G), un sistema che applica la tecnologia Hsdpa anche ai canali impiegati per l'invio di dati

Per concludere questa sintetica panoramica sulle tecnologie senza fili, vale la pena di citare il progetto OPEN SPECTRUM.

Con **Spettro Libero o Open Spectrum** s'intende il progetto di totale deregolamentazione dell'etere con possibilità di trasmissione per qualsiasi soggetto (anche privati cittadini) senza bisogno di autorizzazione (oggi chiesta ai radioamatori).

La trasmissione avverrebbe tramite una rete di microprocessori o antenne intelligenti, dette radio cognitive, che ripetono il segnale su una frequenza esplorata e rilevata libera da altri segnali e pulita da interferenze localmente (variandola da un'antenna all'altra) veicolando radio, internet, fonia fissa e mobile, tv digitale terrestre e satellitare in un unico segnale digitalizzato che viene interpretato e ricomposto grazie alle informazioni digitali contenute nel flusso trasmesso su emittente, numero di pacchetto, protocollo usato (non tramite informazioni analogiche ossia la frequenza trasmessa che varia in continuazione e non individua più l'emittente di un segnale).

La sicurezza, integrità e privacy dei dati trasmessi sarebbero garantite da meccanismi intrinseci all'informazione, ossia dalla crittografia. In mancanza di frequenze pulite da interferenze, che non siano altri segnali già trasmessi, la trasmissione avviene ugualmente: il terminale ricevente se è digitale, ha la tecnologia per depurare ogni rumore, per cui le interferenze di fatto non sono un problema.

Ciò supererebbe l'attuale necessità di dare più frequenze allo stesso canale radio e tv e lasciarne parecchie vuote tra uno e l'altro, consentendo un uso di tutto lo spettro di frequenze e degli spazi di trasmissione teoricamente illimitati, per un ampio numero di canali radio e tv emittenti e soprattutto di dotare ogni cittadino di banda larga liberamente utilizzabile. Con questo nome è sorto anche un movimento d'opinione negli Stati Uniti. Un famoso sostenitore dello spettro libero è Lawrence Lessi, fondatore di Creative Commons.

Se consideriamo le implicazioni legali del progetto Open Spectrum c'è da sottolineare che attualmente in Italia la condivisione di una rete wireless non è permessa, a meno che essa non rimanga sul proprio fondo e senza accesso di terzi (art. 99). Per gli enti che offrono connessioni wi-fi, come le università, la legge 5/05 all'art.7 stabilisce obblighi di registrazione delle persone che accedono, e la conservazione della memoria dell'utilizzo. Partendo da questa base è difficile vedere il progetto Open Spectrum come legale e autorizzato entro pochi anni. L'ostacolo più difficile da superare è la concessione di licenza per l'utilizzo di una banda nell'etere.

Attualmente la licenza è richiesta anche a chi svolge attività minori di occupazione dell'etere, come i radioamatori. È proprio al movimento dei radioamatori che si ispira ad Open Spectrum.

Reti VPN

Esistono essenzialmente due architetture di rete VPN:

- **Client to site** nella quale è possibile realizzare un collegamento da un singolo PC alla rete aziendale mediante le tecnologie descritte in precedenza:

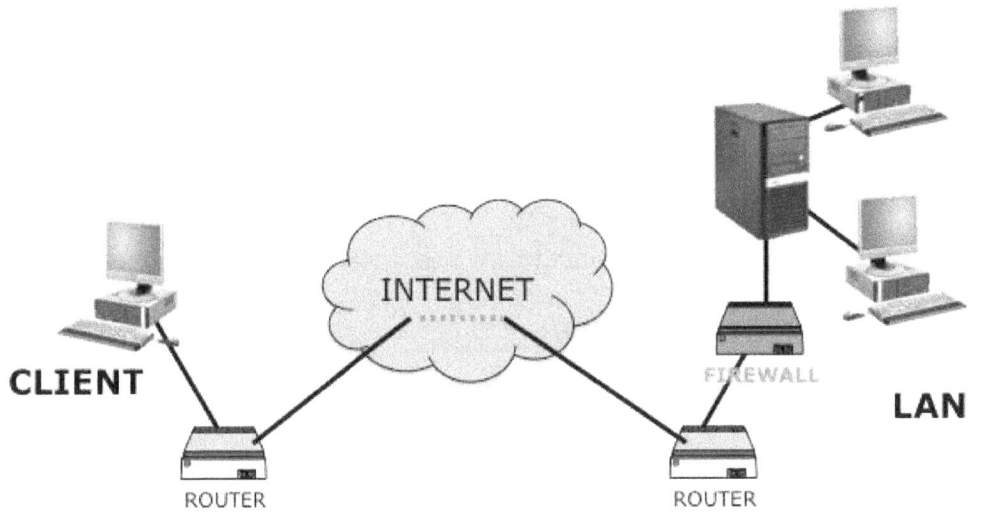

- **Site to site** la quale collega due LAN differenti strutturate in maniera simile. In questo caso il risultato è di ottenere un'unica rete formata da tutti i componenti delle singole LAN

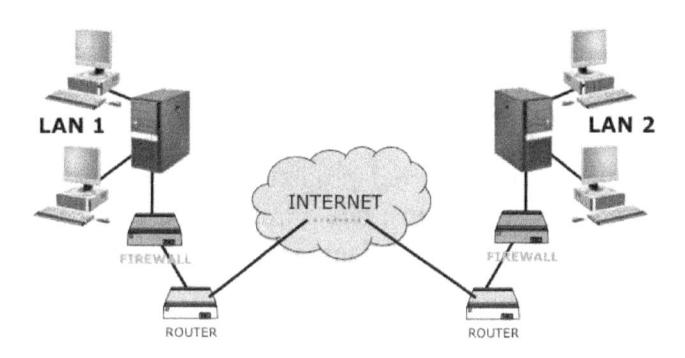

2. Dispositivi di rete

Scheda di rete (NIC) è l'elemento fondamentale per il collegamento del computer alla rete. Esistono differenti tecnologie di rete e differenti tipologie di schede. Le più diffuse sono:

- Schede ETHERNET
- Schede TOKEN RING
- Schede TOKEN BUS
- Schede WI-FI
- Schede BLUETOOTH

Quelle maggiormente diffuse sono le schede Ethernet utilizzate nella LAN di tipo a stella e quelle Wi-Fi, sempre con tecnologia Ethernet.

Tra le prime distinguiamo una differente tipologia di connettore:

- **BNC** (detto a barilotto) per il collegamento a reti di tipo a bus lineare
- **RJ45** (a spinotto) per il collegamento a reti di tipo a stella

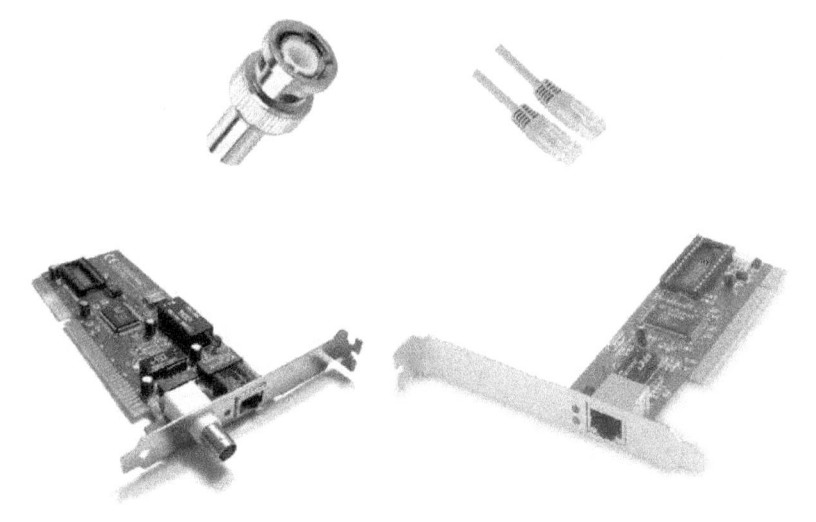

Il **Cablaggio** consente di collegare i vari dispositivi tra loro. Esistono essenzialmente le seguenti tipologie di cavi:

10 BASE 2: formata da un cavo **coassiale** nella quale si utilizzano i connettori di tipo BNC. Questi cavi prevedono un conduttore in rame centrale avvolto da una guaina isolante, quindi una maglia di rete e un'altra guaina protettiva esterna.

All'interno di questa categoria troviamo due tipi di cavo:

- **RG/58** (Thinnet) che consente lunghezze dello spezzone fino a 185 metri
- **RG/8** (Thicknet) più spesso che consente di raggiungere i 500 metri con uno spezzone di cavo prima che il segnale veicolato si degradi

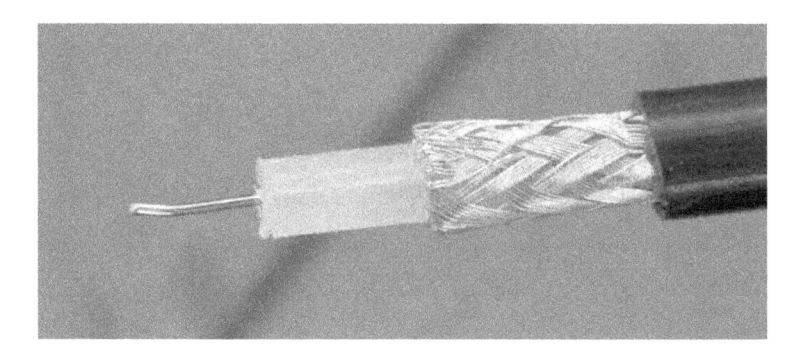

10 BASE T: composta da cavo **doppino** con 8 conduttori intrecciati tra loro. Questa classe di cavi è ulteriormente suddivisa in 6 categorie ma quelle utilizzate oggi nelle reti di computer sono la CAT5 (porta fino a 100 Mbit per secondo) e la CAT6 (fino a 1 Gbit per secondo). È possibile stendere cavi di questo tipo fino a una lunghezza massima di 100 metri per spezzone.

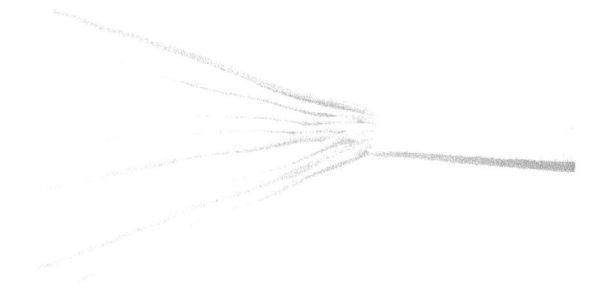

Fibra ottica: consente la trasmissione del segnale fino a 2 chilometri di distanza per singolo spezzone di cavo. Questa tecnologia utilizza conduttori in fibra di vetro o materiali polimerici che trasportano impulsi luminosi codificati e decodificati alle estremità da appositi trasmettitori.

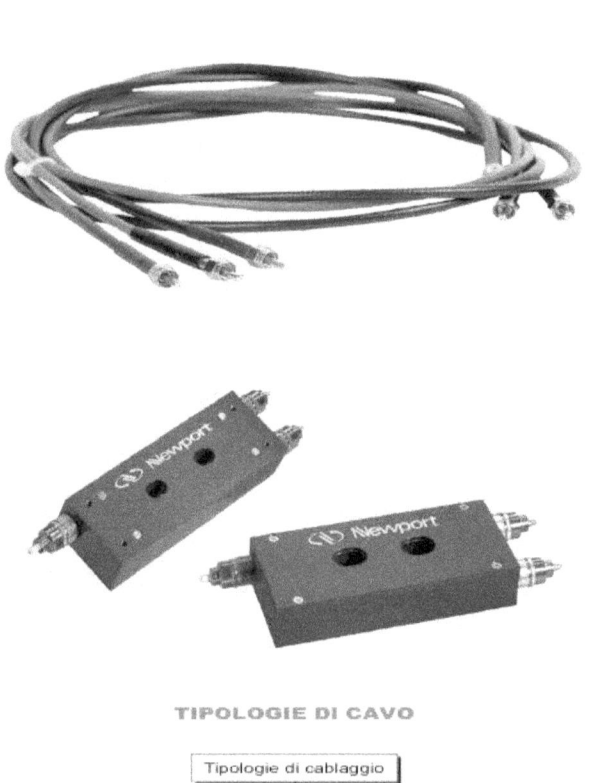

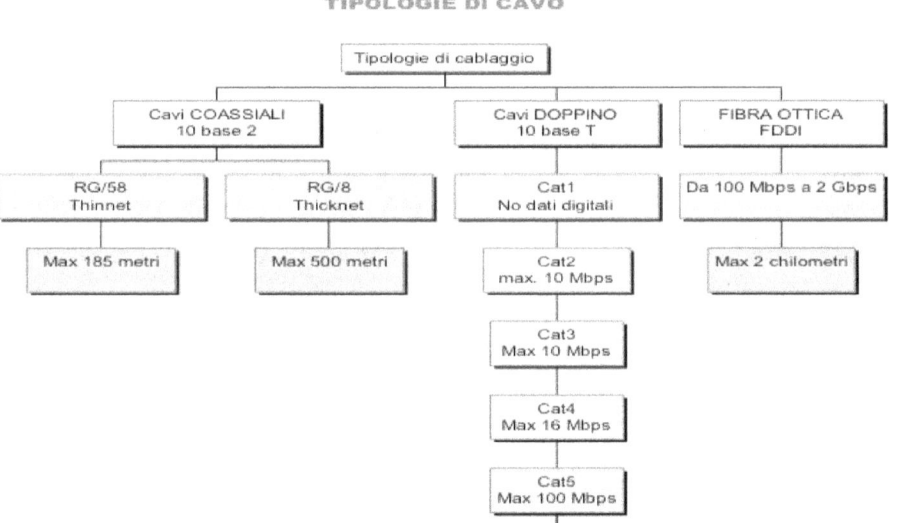

Dispositivi HUB e SWITCH: collegano i cavi provenienti dai computer ad un unico punto di ingresso. Fungono quindi da concentratori e consentono il passaggio dei dati tra le macchine. La differenza tra Hub e Switch sta nel fatto che i primi non partecipano all'instradamento dei dati ma fungono da semplici punti di passaggio. Gli Switch, al contrario, forniscono anche servizi come la commutazione di pacchetto e l'instradamento del traffico contribuendo così al decongestionamento della rete.

Questi sono oggi i dispositivi di uso più frequente.

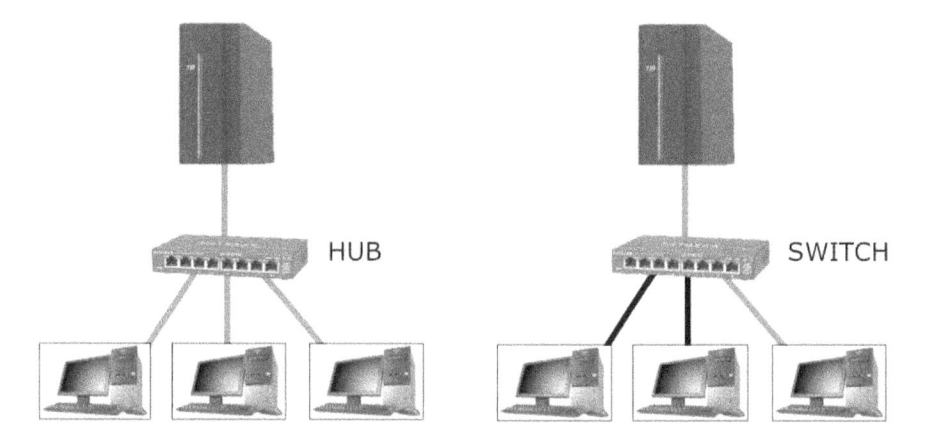

Ripetitori e **amplificatori** vengono usati per contrastare la degradazione o l'attenuazione del segnale trasmesso nella lunga distanza.

I ripetitori (repeater) contrastano l'attenuazione dei segnali nelle reti digitali (segnali che consistono in bit di dati di tipo on o off). Gli amplificatori (amplifier) servono ad aumentare le distanze di trasmissione su reti che utilizzano segnali analogici.

I dispositivi **BRIDGE**, chiamati anche ponti, sono i precursori degli switch e servono a connettere diversi segmenti (sottoreti) di una rete. Sono un perfezionamento rispetto ai ripetitori perché attenuano le congestioni sulle reti sovraccariche. I bridge possono anche connettere segmenti che usano differenti tipi di supporto (es. 10BaseT con 10Base2) ma non differenti schemi di accesso ai supporti (es. non Ethernet con Token Ring). Sono più lenti dei ripetitori, più complessi da gestire e più costosi.

I dispositivi **ROUTER** (chiamati instradatori) collegano due o più segmenti di rete o sottorete. Sono simili al Bridge ma invece di usare l'indirizzo MAC della macchina, utilizzano l'indirizzo di rete che trovano all'interno dello strato "rete" del pacchetto dati. Con queste informazioni compongono una tabella di instradamento di indirizzi per inviare il pacchetto all'indirizzo di destinazione, altrimenti lo abbandonano.

Esistono due tipi di router:

- **STATICI**: con tabelle d'instradamento compilate dagli amministratori di rete.
- **DINAMICI**: che costruiscono e aggiornano da soli le tabelle di instradamento.

I router aiutano a decongestionare il traffico di rete e possono essere rappresentati da un dispositivo hardware autonomo o possono anche essere dei computer dotati di più schede di rete.

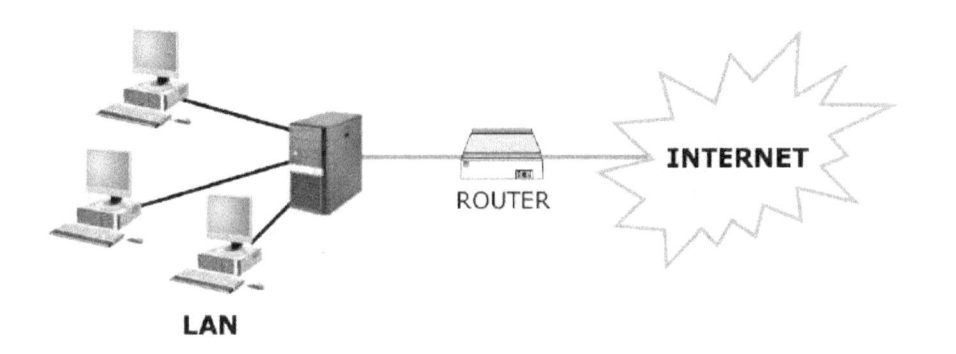

I dispositivi **GATEWAY** consentono lo svolgersi di comunicazioni tra due o più segmenti di rete. Solitamente un gateway viene utilizzato per veicolare pacchetti di dati da una intranet ad una extranet, ad esempio dalla LAN ad Internet.

Un'altra funzione del Gateway è la **traduzione di protocolli** (ad es. da IPX/SP a TCP/IP). Sono complessi da utilizzare, da configurare e sono più lenti dei router.

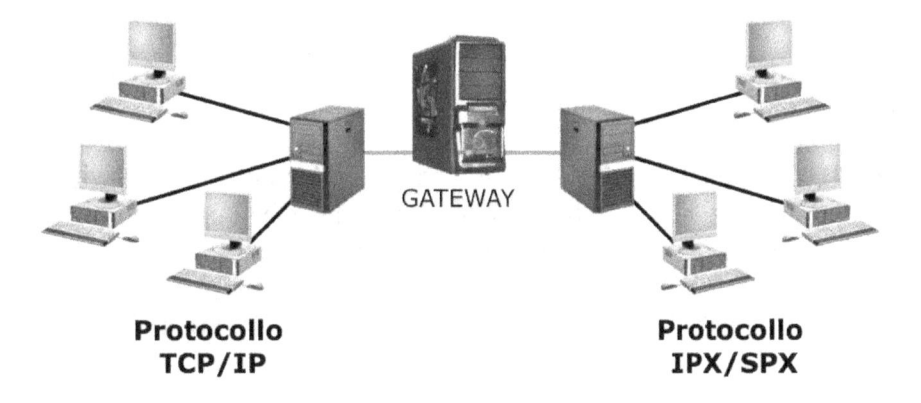

I dispositivi **FIREWALL** sono di fondamentale importanza per la sicurezza della rete. Letteralmente il termine firewall significa "muro taglia fuoco" e infatti vengono utilizzati per filtrare tutti i pacchetti di dati entranti ed uscenti, da e verso una rete o un computer, secondo regole prestabilite che contribuiscono alla sicurezza della stessa agendo in maniera centralizzata.

La funzionalità principale in sostanza è quella di creare un filtro sulle connessioni in entrata e in uscita, in questo modo il dispositivo innalza il livello di sicurezza della rete e permette sia agli utenti interni che a quelli esterni di operare nel massimo della sicurezza. Il firewall agisce sui pacchetti in transito da e per la zona interna, potendo eseguire su di essi operazioni di controllo, modifica, monitoraggio.

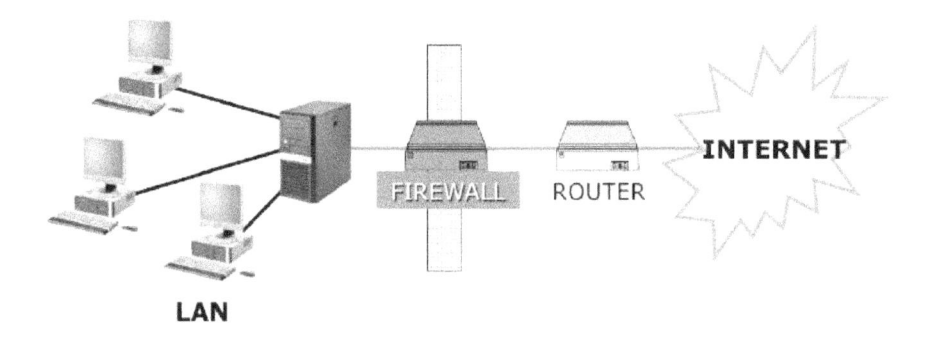

Gli **ACCESS POINT** consentono di creare una rete senza fili (Wi-Fi) per collegare macchine senza necessità di cavi.

L'uso tipico di un Access Point è quello di collegarlo a una LAN e consentire così ad utenti muniti di dispositivi wireless di usufruire dei servizi di rete LAN con in aggiunta il vantaggio della mobilità.

In questa configurazione l'Access Point agisce da gateway per i client wireless. Un altro utilizzo è quello di collegare due LAN distinte; ad esempio, se due uffici di una azienda sono separati da una certa distanza, può risultare economicamente più vantaggioso sfruttare l'etere attraverso due Access Point (uno per ogni sede) anziché cablare fisicamente i due punti. In questo caso gli Access Point saranno configurati in modalità bridge (ponte).

Esistono diversi standard wireless per la trasmissione:

- 802.11a con trasmissione a 54 Mb/s a 5 GHz
- 802.11b con trasmissione a 11 Mb/s a 2,4 GHz
- 802.11g con trasmissione a 54 Mb/s a 2,4 GHz
- 802.11n con trasmissione a 300 Mb/s a 2,4 GHz e 5 GHz
- 802.11ac con trasmissione fino ad 1 Gb/s a 5 Ghz

Un Access Point può utilizzare le seguenti modalità:

- **Root mode** (punto di accesso alla rete per gli altri computer)
- **Bridge mode** (come collegamento tra due AP)
- **Repeater mode** (per aumentare la copertura della rete wireless)
- **Client Mode** (si comporta come un client per accedere alla rete Wi-Fi)

Capitolo 4 - TECNOLOGIE SERVER

1. Alimentazione

Un computer server è essenzialmente un computer normale ma costruito con componentistica di alta affidabilità per consentire un funzionamento costante nel tempo ed utilizza alcune tecnologie che aumentano non tanto le prestazioni, quanto soprattutto l'affidabilità.

Un'altra caratteristica peculiare dei server è la **ridondanza**, vale a dire la possibilità di duplicare tutti quei componenti che potrebbero guastarsi o essere oggetto di problematiche di funzionamento.

Un server ha bisogno di una buona ventilazione. Molti dei componenti che contiene producono calore che è, a sua volta, il peggior nemico dei componenti elettronici, insieme ai disturbi della rete elettrica (picchi e transienti di linea). Un processore può raggiungere anche 100° C e un server può montarne anche più di uno.

Per questo motivo, un server può montare due alimentatori per cui il secondo risulta **ridondante**. Tutti i componenti critici vengono raddoppiati: alimentatori e hard disk possono essere estratti e sostituiti facilmente senza dover spegnere la macchina (caratteristica **hot swap**).

2. Scheda madre

Può avere 1 o 2 slot per i processori (l'aggiunta del secondo aumenta di circa il 30% la capacità di elaborazione del server), due bus EIDE o meglio SATA per le periferiche conformi a questo standard, uno slot AGP per la scheda video, uno slot ISA e sei PCI, quattro per banchi di memoria SDRAM.

In un server la sezione video non ha molta importanza. È possibile infatti, e anche consigliabile, amministrarlo da remoto.

3. Processore

La caratteristica più nota di un microprocessore è la sua frequenza di lavoro, detta anche frequenza di clock. Essa indica il numero di commutazioni tra i 2 livelli logici "0" e "1" che i circuiti logici interni al processore sono in grado di eseguire in un secondo.

Bisogna prestare attenzione al fatto che esistono due tipi di frequenza di clock: una interna, che gestisce le operazioni della CPU, e una esterna, più bassa, che regola la velocità con cui viaggiano le informazioni sul bus di sistema.

L'unità di misura della frequenza di clock e il megahertz – o i suoi multipli - dove 1 MHz è pari a 1 milione di oscillazioni al secondo, quindi un processore da 3200MHz (3,2 Ghz) compie 3 miliardi e 200.000 oscillazioni, ovvero operazioni fondamentali.

Anche la **cache** del processore è molto importante per le sue performance. La memoria cache è una memoria statica ad alta velocità che permette al processore di recuperare più velocemente i dati e le istruzioni a cui accede più di frequente.

Quando esegue un'operazione, il sistema salva dati e istruzioni nella memoria cache, da cui il processore li preleva. Se in seguito il processore ha bisogno degli stessi dati o delle stesse istruzioni, recuperandoli dalla cache impiega molto meno tempo di quanto ne impiegherebbe recuperandoli dalla RAM. I moderni processori integrano nel loro core una certa quantità di memoria cache (da un minimo di 128 KB fino ad un massimo di 512 KB). Viene definita con la sigla L1.

Esiste anche una cache esterna al core, la cui dimensione varia da 512 KB a 1 MB, definita di secondo livello (o L2).

4.   Memoria RAM

La scheda madre di un server deve supportare uno speciale tipo di memoria RAM, che si definisce **ECC** (Error-Correcting Code) e si usa specificamente per i server: questo tipo di memoria è in grado di riconoscere gli errori in scrittura/lettura dovuti, ad esempio, a un calo di tensione della rete elettrica e di correggerli automaticamente. In un server, questi tipi di errore, possono costituire un serio problema.

5.   Hard Disk

I server più dotati utilizzano speciali hard disk che hanno la possibilità di essere scollegati e collegati mentre la macchina è in funzione, questo facilita la manutenzione o la sostituzione dei dischi in caso di guasti. Questa tecnologia prende il nome di **Hot Swap** (letteralmente sostituzione a caldo).

Questi hard disk costano circa il 40% in più di quelli normali e spesso devono avere una loro scheda di controllo dedicata (controller).

6. Sistemi di Disaster Recovery

Un server deve garantire efficienza e continuità di funzionamento. Sicuramente, insieme ai dispositivi di alimentazione, i componenti più stressati sono i dischi rigidi interni. Il sistema operativo è registrato su disco fisso e un problema potrebbe bloccare le funzionalità del server. A questo proposito viene utilizzato un sistema di ridondanza dei dischi rigidi che consente, in caso di guasto, di continuare la normale operatività o, nei casi peggiori, di recuperare velocemente i dati.

Questi sistemi sono definiti con l'acronimo **RAID** (Redundant Array of Inexpensive Disks) o sistema ridondante di dischi a basso prezzo.

I sistemi **RAID** sono quelli grazie ai quali, con opportuni provvedimenti, si impedisce la perdita dei dati anche quando vengono rilevati degli errori in una delle parti del sistema.

Esistono 5 tipologie di RAID ma normalmente quelle più utilizzate sono il RAID 0, il RAID 0+1, il RAID 1 e il RAID 5.

RAID 0 (Stripe Set senza parità): è un volume logico creato con porzioni di spazio libero provenienti da differenti HD. **Non è tollerante gli errori**. Si possono utilizzare da 2 a 32 hard disk. Questa tipologia di RAID serve principalmente per aumentare le performance delle operazioni di lettura/scrittura in quanto vengono suddivise per più hard disk, ma se uno dei dischi dovesse guastarsi tutto il sistema non risulterebbe operativo.

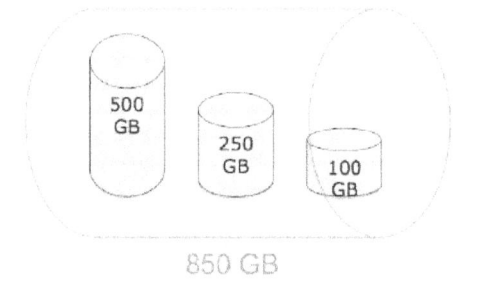

RAID 1 (Insiemi **Mirror** o **Duplex**) Un volume logico formato da due HD nei quali i dati sono duplicati simultaneamente. Se i due HD sono collegati allo stesso controller si parla di **Mirroring**, se i controller sono separati si parla di **Duplexing**.

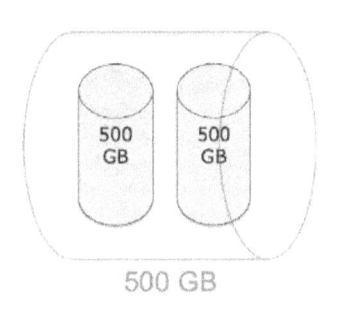

RAID 0+1 (**Stripe Set senza parità + Mirroring**) È un insieme dei due precedentemente descritti: si tratta di un volume logico formato da due coppie di hard disk configurati in mirroring. In questo caso si ha il vantaggio della migliore performance e della sicurezza in caso di guasto di un componente del sistema RAID.

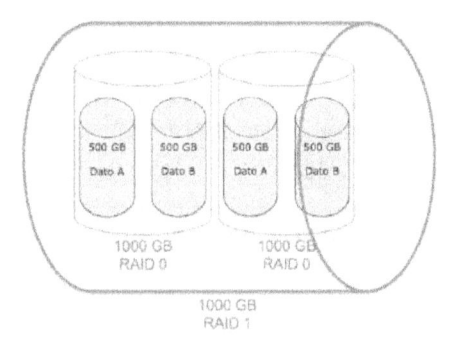

RAID 5 (**Stripe set con parità**) Richiede almeno tre HD simili: i dati vengono scritti sequenzialmente sui dischi mentre viene generato un blocco di parità per ogni blocco scritto. Il blocco di parità contiene l'informazione necessaria a rigenerare il dato in caso uno dei dispositivi fallisca.

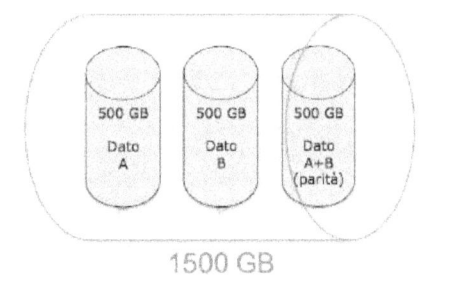

Capitolo 5 - SISTEMI OPERATIVI SERVER

1. Tipologie di sistemi operativi

Il mercato offre differenti possibilità per quanto riguarda i sistemi operativi per server. Essenzialmente le offerte di mercato sono le seguenti:

- **Microsoft Windows Server** (oggi in 4 versioni) da 600 € a 4.500 € con costo aggiuntivo per le licenze da utilizzare su ogni singolo PC che accede alla rete (+/- 120€ x 5 CAL – Client Access License)
- **Macintosh OS X Server** a 59 € e con nessun costo per licenze client
- **Linux Server** è gratuito (non per tutte le distribuzioni o release) con nessun costo per licenze client

Le caratteristiche operative sono molto simili tra tutti i sistemi operativi per server.

Per quanto riguarda l'offerta Microsoft, **Windows Server 2012** viene offerto nelle seguenti versioni:

- **Foundation** (versione economica) disponibile solo tramite il canale OEM, limitata a 15 utenti e senza diritti di virtualizzazione
- **Essentials** (versione per ambienti Small Business) limitata a 25 utenti e senza diritti di virtualizzazione
- **Standard** (versione per ambienti a bassa densità o non virtualizzati) disponibile con modello di licensing a processore + CAL, comprende tutte le funzionalità e due istanze virtuali
- **Datacenter** (versione per ambienti ad alta densità di virtualizzazione) disponibile con modello di licensing a processore + CAL, comprende tutte le funzionalità e illimitate istanze virtuali

In aggiunta al sistema operativo di base, Microsoft offre ulteriori moduli che, in abbinata con il primo, ampliano i servizi offerti dal server e ne aumentano le caratteristiche operative:

- MS Windows **EXCHANGE** Server gestisce messaggistica interna, servizi di invio e ricezione della posta elettronica, fax e servizi OWA (Outlook Web Access) ovvero la possibilità di pubblicare in rete internet il server di posta aziendale per consentire agli utenti la gestione della propria mail attraverso un Outlook utilizzabile via browser

- MS Windows **SQL** Server gestisce e condivide i database aziendali. È una piattaforma software che consente su una macchina server di gestire una base dati di tipo relazionale consentendo ai client collegati tramite rete di chiedere dati tramite un linguaggio di interrogazione e manipolazione chiamato SQL (Structured Query Language)

- MS Windows **SHAREPOINT** Server condivide informazioni e groupware mediante sito intranet, è una piattaforma di collaborazione che consente alle aziende di gestire e velocizzare i processi aziendali, grazie all'integrazione di tutti i programmi Microsoft. L'utilità di questo strumento consiste nella possibilità di condividere informazioni e documenti con gli altri utenti e di potervi accedere da qualsiasi luogo. Utenti diversi possono quindi collaborare a distanza, ad esempio aprendo lo stesso documento per visionarlo e/o modificarlo. Inoltre è possibile creare liste, archivi, calendari sincronizzati con Outlook, grazie alla completa integrazione con il pacchetto Office

- MS **LYNC** Server (per la gestione di servizi conferencing, enterprise voice, office integration e mobile applications). Si tratta di un sistema di collaborazione in tempo reale che consente ad un gruppo di persone di lavorare simultaneamente sugli stessi documenti e al contempo comunicare tra di loro. Consente in pratica di collaborare attraverso una pagina vuota per note, disegni o immagini importate sui quali i partecipanti alla riunione possono lavorare insieme, di interagire simultaneamente durante una presentazione in PowerPoint durante la quale i partecipanti non possono modificare la presentazione ma possono interagire con essa aggiungendo note, disegni o grafici. Con questa piattaforma è possibile gestire riunioni e creare dei sondaggi per i quali i partecipanti possono votare e visualizzare i risultati. È possibile inoltre condividere i desktop dei partecipanti in modo da poter interagire con la sessione dell'organizzatore. Questo consente inoltre la condivisione di applicazioni ai partecipanti che possono interagire tra loro mediante una sola applicazione.

- **MS PROJECT** Server utilizzato a livello aziendale per la gestione e la distribuzione di progetti di MS Project, programma per la gestione integrata del Project Management. Project Server offre a utenti e società tutti gli strumenti necessari per sviluppare una competenza specifica in soluzioni distribuite di Project Management, al fine di integrare software e tecnologie con le persone, i processi, il sistema di governance e i criteri organizzativi aziendali. Sviluppando tali elementi e allineandoli agli obiettivi aziendali, è possibile ottenere strumenti ottimali per la gestione di lavoro, tempo, risorse e budget. Questo tipo di gestione dei progetti è fondamentale per i dirigenti che desiderano generare report di riepilogo standardizzati e con la massima efficienza operativa

- Windows **AZURE** utilizzato per fornire servizi di Clouding Computing. Windows Azure è una piattaforma cloud aperta e flessibile che consente di compilare rapidamente, distribuire e gestire applicazioni attraverso una rete globale di data center logici gestiti da Microsoft. È possibile compilare applicazioni utilizzando qualsiasi linguaggio, strumento o framework. È inoltre possibile integrare le applicazioni cloud pubbliche con l'ambiente IT esistente

Anche Apple Computer propone un suo sistema operativo server (OS X Server), che richiede pochissime risorse per funzionare e offre le seguenti caratteristiche:

- Gestione completa del profilo utente con possibilità di personalizzazione e impostazione dell'ambiente di lavoro, delle risorse condivise e delle caratteristiche discrezionali di accesso a file e cartelle
- Integrabile in architetture miste (Microsoft o Linux)
- Caratteristiche di migrazione automatica degli utenti e dei loro privilegi dall'ambiente Microsoft Server a OS X
- Facilità di utilizzo e configurazione, poiché utilizza l'interfaccia e la logica di funzionamento tipica di Apple
- Condivisione file tra Mac e PC
- Caratteristiche di web server, mail server, calendar server, VPN server, message server, Wiki server
- Richiede risorse minime per funzionare

In ambito Open Source, invece, troviamo il sistema Linux strutturato per essere montato su un server. Tra le varie versioni (release) troviamo:

- **Debian**
- **Red HAT** (da 349 a 3.300 $)
- **Ubuntu Server LTS**
- **SUSE Linux Enterprise Server**

Tutti i sistemi operativi basati su Linux sono caratterizzati da estrema stabilità, sicurezza dalle aggressioni e ridotti costi di gestione, ma se non si utilizza la GUI (Graphic User Interface o interfaccia grafica) richiedono competenze elevate per la gestione.

In questo caso si parla di software Open Source e l'argomento richiederebbe una trattazione ampia che non è argomento del presente volume. In ogni caso è possibile riassumere il fenomeno elencando vantaggi e svantaggi relativi al suo utilizzo.

Vantaggi

Costo delle licenze: il sistema Linux è gratuito e si possono installare tutte le versioni che si vogliono tutte le volte che si vuole, almeno per quanto riguarda i prodotti standard per le distribuzioni più comuni. Come riportato, non tutte le distribuzioni Linux sono sempre gratuite ed hanno termini di licenza che ne permettono il libero utilizzo e duplicazione.

Costo del software: per quanto questo rientri parzialmente sul punto precedente, va sottolineato che di Linux non è gratis soltanto il sistema operativo strettamente parlando, ma anche tutti gli applicativi più diffusi: strumenti di Office Automation, grafica, web design, tool si sviluppo, uso di Internet ecc.

Costo dell'hardware: necessario per supportare il sistema operativo che è generalmente più limitato, in particolare per server o router/firewall basati su Linux. Su sistemi Desktop, invece, le esigenze sono paragonabili a quelle di Windows.

Aggiornamento gratuito: non si è costretti ad aggiornare ogni pochi anni il parco macchine o a sottoscrivere un contratto di abbonamento per il software, anche se alcune verioni Linux commerciali hanno adottato una logica di licenza basata su "abbonamenti" a servizi online di aggiornamento.

La compatibilità verso il passato sui formati dei file è maggiormente garantita dal rispetto di standard aperti.

Sistema più stabile e longevo: Linux raramente si blocca completamente, sia su un server sia su un client. Se questo succede spesso il motivo va ricercato in qualche malfunzionamento dell'hardware (memoria, riscaldamento processore ecc.). È inoltre meno soggetto ad una progressiva "degradazione" dell'integrità generale del sistema, con il passare del tempo e l'utilizzo. Un sistema Windows, a suo modo, invecchia con l'uso e tende a diventare gradualmente più pesante e instabile (gestione complicata del file di registro, programmi poco utili caricati all'avvio ecc.).

Amministrazione remota: possibilità di gestire l'installato via console remota, di aggiornarlo automaticamente senza disservizi e downtime, di ridistribuire in modo piuttosto semplice su un parco macchine vasto anche software customizzato.

Migliore sicurezza: soprattutto per il desktop, dove virus, worm, spyware e dialer non costituiscono, quantomeno per il momento, un reale pericolo.

Standard aperti non proprietari

Nessun vincolo con il singolo fornitore sia per il prodotto sia per i servizi accessori e l'assistenza.

Migrazione trasparente sul lato server: richiede solo l'intervento su sistemi centralizzati, basandosi su software Open Source che ormai garantisce grande interoperabilità con il mondo Windows (in questo il software Samba è un elemento chiave).

Preservare l'investimento fatto sul software Windows esistente con strumenti quali Rdesktop (Terminal Service Client per Linux) e Wine (una implementazione OpenSource delle API di Windows che di fatto permette di eseguire molti programmi di Windows sotto Linux, a velocità simili (non si tratta di una emulazione software), mantenendo compatibilità molto buona, anche se non assoluta.

Uniformità alla legge anti pirateria sul software copiato (o clonato) poiché non c'è la possibilità di incorrere in gravi sanzioni per aver installato più o meno consapevolmente una copia piratata di un qualsiasi programma (magari solo per prova o per momentanee necessità contingenti) o perché qualcuno ha autonomamente installato software non originale.

Migrazioni graduali da un networks basato su Windows ad uno basato su Linux. In questo senso l'adozione di software Open Source disponibile sia su Windows che su Linux può essere un primo passo: applicativi di uso comune come OpenOffice, Firefox/Mozilla, Thunderbird possono da subito essere usati su desktop Windows per abituare gli utenti alle loro interfacce (generalmente simili alle controparti Microsoft), inoltre esistono tecnologie che permettono di eseguire in modo trasparente all'utente da un ambiente Windows una applicazione remota che gira su un server Linux.

Il parco macchine è meglio che sia simile, in termini di hardware e uguale in termini di distribuzione e versione utilizzata. Va assolutamente previsto un sistema centralizzato di aggiornamento del software automatico, amministrazione e gestione remota, delivery di software aggiuntivo (su Linux questo è possibile senza costi per prodotti particolari e con sforzi tecnici relativamente limitati).

È possibile, in certi casi auspicabile e necessario, mantenere ambienti ibridi. In particolare il lato server è la prima parte da considerare per una migrazione, in quanto può risultare trasparente agli utenti, mentre il lato client va gestito con attenzione e adeguata preparazione.

Svantaggi

Per quanto siano stati grandi i progressi e sia stata comunque raggiunta una certa maturità, il **desktop Linux è ancora meno evoluto rispetto a Windows** in quanto a facilità d'uso, supporto di periferiche, integrazione degli strumenti comuni e accessibilità da parte di personale non esperto.

Migrazione sul desktop probabilmente difficile e problematica sia per la resistenza degli utenti sia per le obiettive difficoltà a cui può andare incontro personale inesperto, sia per le difficoltà potenziali di scambio documenti con partner commerciali (gestire documenti .doc sotto Linux è possibile, ma la compatibilità non è completa).

Costo iniziale attenuato da un'adeguata preparazione e dalla buona predisposizione degli utenti.

Parco software più limitato, per quanto la varietà di applicazioni Open Source e anche commerciali sia notevole, Linux, su alcuni settori in particolare, manca della completezza di alcuni programmi disponibili su Windows: in particolare nelle aree del Publishing (nulla di paragonabile a Xpress o Illustrator), della grafica (Gimp è un ottimo prodotto, ma non paragonabile a Photoshop), del web design (Dreamweaver è ancora inarrivabile) e della musica professionale. Gli strumenti Office di base (Editor di testi, foglio di calcolo ecc.) alternativi a MS Office (OpenOffice, Star Office, KOffice...) sono comunque ottimi e sicuramente all'altezza per tutte le funzioni comuni e di fatto maggiormente utilizzate. Il vero problema emerge quando si deve lavorare su formati proprietari Microsoft, per i quali la compatibilità è buona ma non ancora ottimale e si possono avere problemi nella conversione dei documenti.

Maggiori costi di supporto e assistenza sul desktop da parte di consulenti e fornitori esterni sono inoltre prevedibili, almeno in una fase iniziale o in assenza di forti competenze interne su Linux. Questo fattore è destinato a scendere con il tempo e l'aumentare degli skill interni (eventualmente tramite corsi di formazione, che comunque costituiscono un costo).

Parco frammentato delle distribuzioni tanto che l'adozione su sistemi client diverse distribuzioni Linux può rivelarsi problematico, soprattutto in aziende che non possiedono adeguati skill interni. Esistono situazioni paradossali, per esempio, in cui lo stesso documento creato con OpenOffice, anche in versione PDF, viene visualizzato in modo diverso su distribuzioni diverse: questo può essere inaccettabile e conferma la necessità di mantenere un parco macchine allineato.

2. Caratteristiche di un sistema operativo server

Il sistema operativo di un server è anch'esso strutturato per offrire stabilità e affidabilità. Si tratta di un sistema operativo normale, corredato però di una serie di servizi essenziali che il server deve offrire alle macchine ed agli utenti che accedono alla rete. Solitamente un sistema operativo per server deve prevedere:

- Servizi di **AUTENTICAZIONE** degli utenti mediante inserimento di un nome utente (user name) e di una password
- **GROUP POLICY** di sicurezza per utenti e gruppi, utilizzate per strutturare un ambiente di lavoro customizzato, per limitare possibili azioni distruttive per il sistema client e per personalizzare il funzionamento dell'interfaccia utente
- Servizi di **MAIL** server per la ricezione e l'invio della posta degli utenti (sia POP che IMAP)
- Servizi di **FILE** server per il controllo di accesso e la sicurezza di file e directory e di **STORAGE** dei documenti
- Servizi di **PROXY** server per il controllo del traffico di rete e la velocizzazione della navigazione Internet mediante cache (zona di memorizzazione) dei siti più visitati. Il server proxy funge da tramite tra un client e un altro server. Un tipico esempio di server proxy è una macchina collegata a Internet che funge da tramite tra la rete esterna e la LAN: i client chiedono le pagine al proxy il quale le chiede all'esterno e poi le invia ai

client. In questo modo si diminuisce il traffico di rete e si aumenta la sicurezza della LAN.

- **DHCP** server (Dynamic Host Control Protocol) per l'assegnazione automatica della configurazione IP dei client: il server configura automaticamente la scheda di rete del client con l'indirizzo IP, la maschera di sottorete e l'indirizzo di uscita verso la rete Internet

- Servizi **DNS** (Domain Name Server) per la risoluzione dei nomi di dominio con gli indirizzi IP sia intra che Internet. Un server DNS conserva, al proprio interno, un database con il collegamento tra l'indirizzo IP di un client e il suo nome testuale. Quando un client deve comunicare con un altro chiama il nome del destinatario, il server DNS risponde con l'indirizzo fisico della macchina cercata o viceversa. I server DNS in rete Internet, ad esempio, consentono all'utente di digitare nel browser un indirizzo del tipo www.fiat.it e di collegarsi all'indirizzo IP 77.67.29.32 che è quello del server nel quale sono contenute le pagine del sito. Questa dicotomia tra nome del dominio (fiat.it) e numero IP è risolta da un server DNS

- Servizi di **WEB** server per la pubblicazione di pagine html in rete intra-internet

- Servizi di **PRINT** server per la condivisione e gestione dei processi di stampa in rete

- Servizi **FTP** per il trasferimento da e per il server di documenti. Un server FTP risponde, di solito, ad un indirizzo del tipo ftp.nomeserver.tipo e offre servizi di scaricamento documenti (download) o di caricamento di documenti (upload) verso il server. Molte università italiane ed estere, ad esempio, offrono servizi gratuiti di FTP mediante i quali è possibile accedere a risorse documentali in modo veloce e gratuito

- Servizi di **DATABASE** per la gestione e condivisione in rete di basi di dati

- Servizi di **GROUPWARE** dedicati alla condivisione e gestione delle informazioni comuni. Questi servizi istituiscono, ad esempio, un sito intranet mediante il quale gli utenti possono scambiarsi e condividere informazioni aziendali

- Servizi **CLUSTER** per l'elaborazione strutturata di grandi moli di dati. Un sistema cluster è un computer formato da più computer fisici che agiscono come se fossero un'unica unità. I cluster vengono utilizzati in situazioni nelle quali si richiede una potenza elaborativa che una singola macchina non potrebbe offrire

- Servizi di **VIRTUALIZZAZIONE** per la gestione di server multipli all'interno di un singolo computer con conseguente aumento delle funzionalità di una macchina

- Servizi di protezione (**FIREWALL**) della rete

- Servizi **FAX** per la ricezione, gestione e distribuzione dei fax

- Servizi **APPLICAZIONI** per l'utilizzo di applicazioni erogate dal server (Servizi Terminal). Si tratta della possibilità di utilizzare programmi non residenti nel computer client ma erogati dal server. Il client potrebbe essere anche quello che si definisce "thin client" cioè una macchina senza hard disk, la quale viene avviata da un server che invia il sistema operativo e tutti i programmi che l'utente ha necessità di usare

- Servizi di **NETWORKS LOAD BALANCING** per la gestione del bilanciamento del traffico di rete

- Servizi di **DEPLOYMENT** per l'aggiornamento software dei client che viene gestito in automatico dal server e per il controllo delle applicazioni
- Servizi di **ROUTING** per il decongestionamento delle comunicazioni intranet e servizi **VPN**
- Servizi di **BACKUP** automatizzati dei dati per la copia di sicurezza dei file e delle directory di lavoro degli utenti
- Servizi di **DESKTOP REMOTO** per la gestione semplificata del server, che può essere utilizzato senza un collegamento diretto alla sua tastiera e al suo video, ma da remoto. In pratica, mediante apposito software, è possibile visualizzare, da una macchina client, la scrivania del server come se si fosse fisicamente seduti difronte ad esso.

Capitolo 6 - IL FENOMENO DELLA VIRTUALIZZAZIONE

1. Il processo di virtualizzazione

In informatica il termine virtualizzazione si riferisce alla possibilità di astrarre le componenti hardware, cioè fisiche, degli elaboratori al fine di renderle disponibili al software in forma di risorsa virtuale. Tramite questo processo è quindi possibile installare sistemi operativi su hardware virtuale. L'insieme delle componenti hardware virtuali (Hard Disk, RAM, CPU, NIC) prende il nome di macchina virtuale e su di esse può essere installato il software come, appunto, i sistemi operativi e relative applicazioni.

Una macchina, in questo caso un server, può essere quindi composto di un unico ambiente hardware ma può contenere diversi sistemi operativi; la virtualizzazione offre quindi una serie di vantaggi che sono così riassumibili:

- Riduce i costi d'implementazione e gestione consolidando l'hardware
- Riduce il consumo energetico dell'intero *Datacenter*
- Alloca le risorse dinamicamente quando e dove necessario
- Riduce in modo drastico il tempo necessario alla messa in opera di nuovi sistemi
- Isola l'architettura nel suo complesso da problemi a livello di sistema operativo e applicativo
- Abilita una gestione più semplice delle risorse eterogenee
- Facilita testing e debugging di ambienti controllati
- Risparmio di energia elettrica
- Inferiore produzione di calore
- Inferiore tempo di ripristino in caso di guasto della VM o Virtual Machine (da 40 h. a < a 4 h.)
- Riduzione del numero di server fisici
- Abbattimento dei costi
- Ottimizzazione degli spazi
- Ottimizzazione delle risorse
- Gestione semplificata dei sistemi
- Continuità di servizio

Un ulteriore vantaggio sta anche nella grande semplicità con cui è ora possibile gestire l'evoluzione tecnologica. Se un sistema hardware diventa obsoleto è possibile migrare in maniera abbastanza facile i server su macchine di ultima generazione (tra l'altro guadagnando in performance) senza dover reinstallare tutto, ma solamente reinstallando lo strato emulato e ripristinando i file delle macchine virtuali, senza contare la possibilità di eseguire test fuori linea in modo molto semplice, per rendere ancora più lineare la migrazione.

L'esigenza, quindi, da parte delle aziende di virtualizzare i sistemi potrebbe nascere dalla consapevolezza che un server virtuale sfrutta molto meglio le risorse a sua disposizione – processori, memoria, disco – rispetto a un server fisico, soprattutto nel caso di configurazioni in alta affidabilità con un server attivo e uno passivo. Inoltre, potrebbe essere la soluzione per quelle aziende che hanno CED di piccole dimensioni, composti da pochi RAC (networks, storage e server), senza la possibilità di aggiungere altri armadi e condizionatori.

Gli aspetti negativi di un sistema virtualizzato:

- Consumo di memoria e utilizzo del processore della macchina virtuale
- Consumo di memoria per ogni ulteriore màcchina virtuale
- Consumo di storage per ogni macchina virtuale
- Dipendenza delle macchine virtuali dall'hardware del sistema host
- Aumento delle caratteristiche del sistema host con l'aggiunta di nuove macchine virtuali
- Non diminuiscono i costi delle licenze software

2. Funzionamento di un sistema virtualizzato

I sistemi operativi e le applicazioni che girano sui server virtuali non hanno il controllo diretto su risorse quali memoria, dischi fissi e porte di rete. È invece la macchina virtuale che si trova tra di essi a intercettare le richieste di interazione con l'hardware. Sul mercato ci sono soluzioni che sono in grado di "simulare" una configurazione che ha solo una vaga somiglianza con l'hardware effettivamente sottostante.

Ad esempio, l'host potrebbe inizializzare il processo di un controller per hard disk fino al minimo dettaglio, convincendo il sistema operativo guest, anche senza l'esistenza reale di alcun controller. Di fatto fa sembrare i drive di tipo IDE dei SATA, converte le condivisioni di rete riguardo lo storage collegato localmente, converte un singolo adattatore Ethernet in più adattatori e crea gateway tra sistemi operativi più vecchi e hardware moderni non supportati, come ad esempio per gli adattatori Fibre Channel.

In ambito server i software di virtualizzazione più diffusi sono i seguenti:

- Vmware (www.vmware.com)
- SW Parallels (www.parallels.com)
- Microsoft Hyper-V (da Server 2008 in poi)
- Citrix (www.citrix.com)
- IBM
- XEN
- RedHat, Oracle VM, Vitrual Iron, Sun xVM
- Linux
- Virtuozzo, KVM
- V-Server, UML

Capitolo 7 - CLOUD COMPUTING

1. Principali caratteristiche del cloud

Nelle architetture di rete, va sicuramente citato un fenomeno che oggi sta rapidamente prendendo piede per le opportunità e le implicazioni che esso offre, sia a livello aziendale che personale.

Con il termine CLOUD (nuvola) si indica la rete Internet e tutti i servizi ad essa associati. In questo ambito la considerazione della rete Internet è contrapposta a quella della rete intranet: è l'esterno contrapposto all'interno, il "fuori" opposto al "dentro".

Con il termine Cloud Computing, quindi, s'intende tutto quell'insieme di risorse hardware e software che forniscono servizi su richiesta attraverso la rete Internet.

Questi servizi vengono amministrati ed offerti da un gestore di terze parti (il cosiddetto **Provider**) con la formula **on demand**. Sostanzialmente l'utente paga soltanto per quello che consuma, in termini di banda, di risorse, tempo di utilizzo, numero di transazioni ecc. Questo modello permette di creare soluzioni scalabili, performanti e affidabili anche con un basso investimento iniziale, senza cioè dover acquistare per lo startup l'hardware necessario e i servizi connessi, come il consumo di elettricità, la disponibilità di una connessione veloce e permanente a Internet, un IP fisso per rendere raggiungibili i propri server.

Caratteristica fondamentale e imprescindibile del Cloud Computing è quella di fornire un'infrastruttura di servizi assolutamente affidabile e scalabile. È infatti possibile, a seconda delle necessità, aumentare o diminuire i nodi in uso, oppure cambiare le caratteristiche dei server potenziando CPU e memoria.

Il Cloud Computing può essere suddiviso in tre grandi categorie, a seconda dello scopo per cui viene usato:

- **Infrastructure as a Service (Iaas)** l'infrastruttura hardware, la rete, lo storage (immagazzinamento delle informazioni e dei dati) vengono resi disponibili come servizi da utilizzare tramite la rete Internet
- **Platform as a Service (PaaS)** la piattaforma applicativa e il Sistema Operativo sono fruibili come servizio, con la possibilità di sviluppare soluzioni software
- **Software as a Service (SaaS)** l'applicazione diventa un servizio fruibile su richiesta. Un esempio pratico è Google Documents che offre un'applicazione simile a Microsoft Office, corredata di un elaboratore testi, di un foglio elettronico e di un programma per creare presentazioni, la quale però viene resa pubblicamente accessibile come servizio

sul Web, quindi utilizzata mediante un browser come Explorer, Firefox, Opera, Chrome, Safari o altri

2. Infrastructure as a Service

L'Infrastructure as a Service (**IaaS**) è un tipo di Cloud Computing basato sul consumo, come servizio, di risorse hardware. Server virtuali, potenza di calcolo, storage, reti vengono messi a disposizione per essere utilizzati senza necessariamente dover affrontare costi di acquisto di tale hardware. L'intera infrastruttura di rete viene gestita da una terza parte e "noleggiata" dall'utente che ne sfrutta le caratteristiche operative senza possederla.

Si tratta quindi di una specie di noleggio ma a differenza di questo si eliminano i costi di gestione e di manutenzione, oltre alle problematiche relative ai guasti ed alle implicazioni che questi comportano per la sicurezza delle informazioni.

3. Platform as a Service

Platform as a Service (**PaaS**) rappresenta una tipologia di servizio più specificamente rivolta agli sviluppatori software. Via Internet viene fornita non solo la componente hardware (server e infrastruttura) ma anche quella software; con questo modello il consumatore può sviluppare software utilizzando strumenti e librerie offerte dal provider e può controllare tutte le fasi dell'implementazione: dallo sviluppo alla consegna, all'installazione ed alla messa in funzione dell'applicazione in ambienti di simulazione virtualizzati non di suo possesso ma fruibili in rete Internet.

Anche in questo caso i vantaggi sono molteplici ed impattano sui costi di gestione con il vantaggio di concentrarsi solo ed esclusivamente sullo sviluppo dell'applicazione e non nell'analisi di problematiche legate all'ambiente in cui essa deve essere distribuita, ottenendo contestualmente dalla piattaforma la scalabilità e l'affidabilità necessaria.

Diversamente da quanto succede nelle soluzioni tradizionali, dove tutta l'infrastruttura hardware e software deve essere progettata per essere scalabile e affidabile, così da evitare possibili problemi e interruzioni del servizio che causano ripercussioni sul business.

Un'infrastruttura di Cloud Computing è progettata partendo dal presupposto che i problemi ci possono essere, per cui è programmata per risolverli autonomamente, per quanto possibile, attraverso meccanismi in grado di non bloccare il normale flusso applicativo, come la replica delle macchine virtuali.

4. Software as a Service

Questa tipologia di servizio offre la possibilità di utilizzare software via Internet senza le problematiche legate al costo delle licenze e agli aggiornamenti software. L'utente ha a disposizione, ad esempio, delle suite di produttività personale come l'Office di Microsoft o l'OpenOffice di natura Open Source che non vengono eseguite sul proprio PC ma vengono erogate via web da un apposito server. Si hanno a disposizione programmi di elaborazione testi, di calcolo su foglio elettronico, di gestione di database, di grafica o altre tipologie applicative, che vengono utilizzati via Internet.

Questa tipologia di servizi può essere a pagamento, come nel caso di **Adobe**, che offre la possibilità di utilizzare la sua suite grafica mediante cloud (Creative Cloud comprende l'utilizzo di Photoshop, Illustrator, Dreamweaver, Flash, Fireworks, InDesign, Premiere e Acrobat professional), oppure gratuita, come quella offerta da Google nel suo servizio **Google Documents**, mediante il quale è possibile utilizzare una semplice suite di programmi da ufficio.

Secondo gli analisti, occorreranno ancora 3-5 anni prima di assistere all'adozione su larga scala del cloud computing. Il Cloud Dividend Report del 2011, redatto dal Centre for Economics and Business Research (CEBR) e sponsorizzato da EMC, ha rivelato che entro il 2015, i benefici economici forniti dal cloud nei cinque maggiori paesi Europei (Germania, Regno Unito, Italia, Francia e Spagna) saranno pari a oltre 177,3 miliardi di Euro all'anno, e pari a 35,1 miliardi di Euro per quanto riguarda la sola Italia.

I vantaggi economici indiretti porteranno un ulteriore valore aggiunto nei cinque Paesi interessati dallo studio, per un valore complessivo di 280 miliardi di euro. L'occupazione diretta ed indiretta generata tra il 2010 ed il 2015 potrebbe arrivare a oltre 2 milioni di posti di lavoro.

Colossi IT come **IBM**, **Google**, **Microsoft**, **EMC** e **Dell** sono impegnati attivamente nello sviluppo di nuove piattaforme cloud. Questa tecnologia si appresta anche a salire a bordo delle auto. Con un investimento di circa 12 milioni di dollari, Toyota sarà in grado di realizzare un'infrastruttura cloud all'interno delle proprie autovetture, basata sulla piattaforma di cloud computing **Windows Azure** di **Microsoft**, offrendo nuove funzioni di controllo, diagnostica e manutenzione da remoto.

5. Vantaggi del Cloud Computing

Il cloud computing offre servizi a livello di software, di piattaforma e di infrastruttura IT attraverso la rete. Esso rappresenta un approccio nuovo all'IT, in cui la tecnologia viene resa disponibile alle aziende sotto forma di servizio, quando e come è necessaria.

Esistono essenzialmente due tipi di cloud: il **private cloud**, in cui tutte le risorse hardware e software sono contenute all'interno di un'organizzazione o di un gruppo di organizzazioni; e il **public cloud**, in cui i servizi sono forniti dall'esterno attraverso la rete. Grazie alla flessibilità e alla competitività intrinseche al cloud, le aziende ottengono vantaggi significativi in termini di time to market e di flessibilità organizzativa ed elaborativa. Il cloud computing sta rivoluzionando la tecnologia IT e il modo in cui le aziende operano, offrendo soluzioni più efficienti, flessibili e meno complesse, favorendo la centralizzazione e il consolidamento.

In sintesi, i principali vantaggi del cloud computing sono i seguenti:

- **Riduzione di costi e sprechi e maggiore controllo della spesa IT** in quanto offre agli utenti i vantaggi della scalabilità, senza la pesante esposizione economica legata all'acquisto e alla manutenzione delle infrastrutture IT. I servizi cloud non comportano pressoché alcuna spesa per capitale. I servizi sono disponibili on demand e sono pagati solo quando sono necessari. Massimizzando l'utilizzo delle risorse ed eliminando la presenza di risorse sprecate e non utilizzate, le aziende possono ridurre i costi e passare a nuove tecnologie, acquisire ulteriore capacità di calcolo o di storage e adottare nuovi applicativi senza dover affrontare investimenti onerosi. La spesa operativa mensile è facilmente gestibile ed elimina i rischi di obsolescenza, di deprezzamento e di sottoutilizzo delle risorse IT
- **Maggiore competitività per le PMI** in quanto storicamente vi è sempre stata una grande disparità fra le risorse IT disponibili per le aziende di piccole dimensioni e quelle alla portata delle grandi organizzazioni. Il cloud computing consente alle PMI di competere con le aziende di dimensioni maggiori mettendo a disposizione, a fronte di un semplice canone mensile, servizi e tecnologie che avrebbero altrimenti costi proibitivi per le PMI. "Noleggiare" i servizi IT anziché investire per l'acquisto di hardware e software, rende tali servizi più abbordabili e libera risorse economiche che possono essere utilizzate dalle PMI per compiere ulteriori investimenti
- **Scalabilità** poiché consente alle aziende di espandersi facilmente, dato che le nuove risorse IT e le applicazioni software sono fornite solo quando sono necessarie. Ciò significa che le aziende non sono costrette a pagare per servizi che non saranno utilizzati e non devono acquistare più risorse di calcolo solo per far fronte ai picchi di attività

6. Svantaggi del Clouding Computing

- **Trasferire a terze parti del controllo sull'applicazione e sui dati o sulle informazioni** ha varie implicazioni potenziali, alcune delle quali riguardano il fatto che non è possibile conoscere realmente appieno le potenzialità di un sistema quando esso risiede in un cloud
- **Problematiche legate alla sicurezza dell'effettiva riservatezza delle informazioni** in quanto se si sceglie di utilizzare un sistema di archiviazione di dati basato su cloud non si può avere un'assoluta certezza sull'effettiva privacy degli stessi e le domande da porsi

sono le seguenti: i dati possano essere visualizzati da terze parti o dal personale che gestisce il servizio di cloud? I dati posso essere modificati da qualcuno? I dati possono essere venduti a qualcuno?

Se si sceglie di utilizzare un sistema basato su cloud, cosa succederebbe se: l'azienda fornitrice dichiarasse fallimento? L'azienda fornitrice venisse acquistata da un'altra entità (che potrebbe appartenere ad un'azienda concorrente)? L'azienda fornitrice venisse indagata da un ente governativo, che decida di accedere ai sistemi di dati dell'azienda fornitrice?

Se si sceglie di utilizzare un sistema basato su cloud, si è a conoscenza dei meccanismi di sicurezza di cui dispone l'azienda fornitrice per ridurre i rischi di quanto sopra riportato oppure ci sia affida completamente all'azienda fornitrice per la cura dei propri interessi?

È necessario ricordare che gli interessi degli utenti non sempre corrispondono a quelli dell'azienda fornitrice, in quanto l'esigenza di sicurezza dell'utente può richiedere l'installazione di costosi sistemi di sicurezza da parte dell'azienda fornitrice.

In ogni caso il fenomeno è, almeno per il nostro paese, agli inizi e merita la dovuta attenzione.

Capitolo 8 - SISTEMI GESTIONALI INTEGRATI: I SOFTWARE ERP

1. Sistemi Informativi Aziendali

L'eterogeneità delle esigenze informative all'interno di un'azienda è da tempo oggetto di studio e numerosi sono i modelli esistenti in letteratura che hanno cercato di descrivere le caratteristiche di tali flussi informativi.

Il modello senz'altro più conosciuto e utilizzato è quello che, sfruttando una rappresentazione piramidale, pone l'enfasi sulla diversa strutturazione delle informazioni a seconda delle esigenze informative dei soggetti destinatari, evidenziando l'esistenza di tre livelli (operativo, direzionale tattico e direzionale strategico).

Ciò che si evince chiaramente è l'esistenza di due distinte tipologie di Sistemi Informativi:
- quelli che si definiscono **operazionali** (o transazionali)
- e quelli denominati **informazionali** o **direzionali**

Se i primi gestiscono la registrazione delle transazioni che avvengono in azienda in conseguenza dello svolgimento dei tradizionali processi aziendali, i secondi rispondono invece all'esigenza dei decisori o di coloro che svolgono attività di controllo di fruire di informazioni a livello aggregato o di tipo multidimensionale: e si traducono in reporting, cruscotti (*dashboard*), analisi e simulazioni,

2. Sistemi Operazionali

I sistemi operazionali costituiscono l'infrastruttura informatica sui cui si basa l'attività di supporto all'operatività aziendale e sono costituiti da una o più basi di dati su cui specifiche applicazioni svolgono operazioni di aggiornamento, interrogazione ed elaborazione.

Si caratterizzano per l'alta proceduralizzazione e per l'ottimizzazione dei processi transazionali che richiedono la lettura e/o modifica di pochi dati alla volta con tempi di risposta strettissimi. Tali sistemi sono spesso definiti OLTP (*On Line Transaction Processing*), intendendo con tale acronimo definire tutti i sottosistemi informativi aziendali dedicati all'elaborazione di transazioni facenti riferimento all'operatività aziendale. All'interno della categoria dei sistemi informativi operazionali è possibile effettuare una classificazione basata su criteri quali l'efficienza operativa, il livello di copertura delle attività svolte in azienda e, infine, il livello di specializzazione dell'applicazione.

Sistemi Legacy

I Sistemi *Legacy* sono definiti come applicazioni software che, essendo difficilmente modificabili alla luce di requisiti di business emergenti, hanno un impatto negativo sulla competitività aziendale; in molti casi questi sistemi sono caratterizzati da una quasi totale assenza di progettazione e documentazione a supporto, fattori che li rendono assai poco manutenibili e flessibili. Ciò nonostante, il fatto che spesso questi sistemi siano stati sviluppati in-house sulla base di specifiche esigenze comporta che costituiscano una soluzione affidabile, spiegando così il tuttora elevato utilizzo di tali soluzioni.

Ciò che caratterizza un Sistema Legacy è quindi il forte grado di sovrapposizione delle tre variabili sopra menzionate: la piattaforma tecnologica, soprattutto per quanto concerne la componente software, è strettamente dipendente dalle procedure che, a loro volta, riflettono in maniera pedissequa le consuetudini operative tipiche dell'organizzazione. E' in pratica assente qualsiasi possibilità di parametrizzazione del sistema mentre, al contrario, il livello di personalizzazione è molto elevato.

Software gestionali

Al contrario dei Sistemi Legacy, le cui fasi di progettazione e di sviluppo seguono spesso percorsi fortemente influenzati dalle caratteristiche dell'organizzazione, i software gestionali sono caratterizzati da una maggiore

strutturazione essendo progettati in modo nativo per supportare lo svolgimento di attività tipiche di funzioni aziendali quali il magazzino, gli acquisti, la logistica, le vendite e l'amministrazione. Cambia anche la "sede" dello sviluppo: i Legacy sono molto spesso nascono direttamente dentro le stesse aziende fruitrici (in *house*), mentre i software gestionali vengono pensati e realizzati presso *software house* specializzate o *software factory* (i termini sono di fatto sinonimi).

Una caratteristica che accomuna i software gestionali ai Sistemi Legacy è quella di gestire basi di dati distinte per ciascuna area applicativa: si pone così la problematica di dover gestire potenziali criticità a livello di integrazione. In particolare, ciò si verifica nel momento cui il sistema gestionale deve supportare i fabbisogni informativi di funzioni aziendali i cui dati di pertinenza non risiedono in uno specifico archivio, bensì sono frutto di interrogazioni di altri database aziendali.

L'analisi della struttura del sistema informativo in presenza di un sistema gestionale permette di evidenziare come vi sia una maggiore indipendenza fra le tre componenti rispetto a quanto visto nel caso dei Sistemi Legacy.

Nonostante ciò esiste ancora un'indubbia rigidità strutturale dovuta per un verso all'assenza di un substrato software (*middleware*) che possa rendere trasparenti le procedure gestionali rispetto alla caratteristiche della piattaforma tecnologica.

D'altro canto vi è anche una rigidità insita nell'adattamento dell'organizzazione alle procedure definite nel sistema gestionale: tale problematica pone il management di fronte al trade-off fra la *customizzazione* del sistema per adattarlo alle attuali procedure gestionali e l'irrigidimento della struttura organizzativa nel caso si preferisca avvicinare le procedure vigenti a quanto offerto dal software.

Best of Breed

Con il termine *Best Of Breed* (BoB) si intende definire un'applicazione software specificatamente dedicata al soddisfacimento di un sotto-insieme dei fabbisogni informativi aziendali.

Sono quindi software mirati a specifiche esigenze dell'azienda, vale a dire non hanno una copertura di tutti i processi ma solo di alcuni. Si usa spesso in tal senso il termine di software *dipartimentali*.

Più in generale, la filosofia di un sistema BoB consiste nello scegliere diversi sistemi informativi, prendendo "il meglio che offre il mercato" per ogni funzione o processo aziendale. Proprio il livello di specializzazione di tali applicazioni è, nel contempo, fonte sia di vantaggio competitivo rispetto ad altri applicativi, sia un ostacolo all'integrazione dei BoB stessi nell'ambito del Sistema Informativo Aziendale.

In particolare, se da un lato l'azienda può avvalersi di un'applicazione che per definizione è stata sviluppata esclusivamente per svolgere uno specifico compito (si pensi a un'applicazione software per la programmazione della produzione), dall'altro proprio la specificità dell'ambito applicativo richiede inevitabilmente che essa sia in grado di interfacciarsi con i Sistemi Legacy o altri applicativi BoB. La portata di tali interventi può essere infatti alquanto rilevante in termini sia puramente economici che organizzativi.

Ciascun componente BoB implica oltre che diversi *Total Cost of Ownership* (TCO) soprattutto una maggiore necessità di connettori e personalizzazioni, tutto questo a danno della semplicità architetturale.

Si tratta in concreto di valutare il trade off tra costi di sviluppo, associati alla strategia del singolo fornitore software, e costi di integrazione, legati alla decisione di dotarsi di strumenti proposti da produttori diversi.

Volendo fare una metafora semplice, ma molto efficace:

- meglio un'unica auto adatta a molti utilizzi (città, autostrada, montagna,...) tipo una SUV compatta o una crossover

- oppure auto differenti dedicate a specifici utilizzi (spider, station wagon, SUV estrema, citycar)?

La seconda scelta (BoB) è più efficace, ma implica di sicuro costi e complessità superiori, e quindi vanno capiti vincoli e budget aziendali.

3. Sistemi Direzionali (Operazionali)

I sistemi informazionali sono nati per supportare il processo decisionale seguendo i passaggi logici del decisore (management aziendale) e fornendo la possibilità di avere sintesi e prospettive sui dati in funzione delle esigenze di analisi. L'attività di Business Intelligence (BI) svolta dai sistemi informazionali può essere definita come l'abilità da parte di un'organizzazione di comprendere e utilizzare le informazioni a vantaggio delle proprie attività a valore aggiunto.

Negli ultimi anni le tecnologie a supporto delle attività di BI si sono rapidamente sviluppate grazie al ricorso a strumenti di *On Line Analytical Processing* (OLAP) e di *data mining* ("scavare sui dati"). Tali strumenti sono sistemi di analisi spesso altamente interattivi che operano su basi di dati informazionali, denominati *Data Warehouse*, orientati al cosiddetto "knowledge discovery".

Nonostante il termine Data Warehouse (DW) sia diventato molto di moda negli ultimi anni e un gran numero di aziende stia implementando tali sistemi, non ne esiste ancora una definizione unanimemente accettata.

Secondo alcuni autori il DW è semplicemente una soluzione informazionale a problemi di carattere operativo in termini di integrazione dei dati. Altri autori sostengono che l'affermazione del concetto di DW può essere visto come un'evoluzione dei *Management Information System* a fronte delle difficoltà di questi ultimi nel gestire in modo consistente i dati aziendali riconciliati, cioè oggetto di successive elaborazioni a partire da dati transazionali secondo determinati criteri. Il DW, quindi, descrive il processo di acquisizione, trasformazione e distribuzione di informazioni presenti all'interno o all'esterno delle aziende come supporto ai *decision maker*.

4. Sistemi ERP: Enterprise Resource Planning

Come precedentemente sottolineato, per operare un confronto fra i sistemi operazionali è necessario valutarne le caratteristiche tenendo conto delle componenti del sistema informativo (piattaforma tecnologica, procedure gestionali, organizzazione aziendale). Una descrizione delle caratteristiche dei sistemi operazionali può essere ottenuta utilizzando chiavi di lettura trasversali alle componenti di cui sopra e, in particolare, tramite:

- l'efficienza operativa;
- il livello di copertura delle attività svolte in azienda;
- il livello di specializzazione dell'applicazione;
- l'integrabilità con altri applicativi software già esistenti.

Vi è, a seconda del sistema considerato, una valutazione bassa in termini di integrabilità: se ciò può apparire quasi scontato nel caso dei Sistemi Legacy,
più interessante è il caso sia dei sistemi gestionali che degli applicativi BoB.
Spesso infatti questi ultimi vengono utilizzati congiuntamente ai sistemi gestionali per ovviare al loro orientamento *general purpose* (bassa specializzazione).
Tale strategia comporta la necessità di affrontare problematiche, oltre che di
natura organizzativa, soprattutto di ordine tecnologico dettate dalla necessità di sviluppare il middleware necessario per garantire la comunicazione tra sistemi tecnologicamente eterogenei. Ciò nondimeno, in passato le aziende, anche quelle di medie dimensioni, sono ricorse a tale approccio poiché presentava l'indubbio vantaggio di essere sia modulare rispetto ai mutamenti delle esigenze di carattere informativo che un'organizzazione deve affrontare nel tempo, sia di richiedere un investimento iniziale relativamente contenuto. La validità di tale approccio combinato (sistema operazionale e applicativo BoB), nonostante tutte le cautele di carattere tecnologico e organizzativo, ha trovato un riscontro anche nell'evoluzione del rapporto fra sistemi transazionali e informazionali. In particolare si è rilevato che le aziende hanno affiancato al proprio sistema transazionale un'applicazione BoB che operasse nel campo della BI (tra i vendor di tali soluzioni è possibile menzionare Hyperion, Business Objects, IBM, QlikView).
Questa scelta consente alle aziende di trarre vantaggio delle caratteristiche degli applicativi BoB, colmando le lacune dei sistemi transazionali quanto a specializzazione e guadagnando nel contempo efficienza operativa. La necessità di ricorrere ad applicativi BoB per supplire alle deficienze dei sistemi transazionali è stata per lungo tempo una scelta obbligata anche per le organizzazioni che utilizzavano un sistema cosiddetto *Enterprise Resource Planning*. Nonostante questi sistemi offrano, a livello transazionale, il miglior compromesso fra efficienza operativa, integrabilità (nativa) e copertura delle attività, si è sempre riscontrata la mancanza di applicazioni in grado di offrire un supporto informazionale ai decisori. Negli ultimi anni questa situazione ha subito una brusca svolta alla luce della decisione dei maggiori vendor di sviluppare specifiche applicazioni o di acquisire società già operanti nel campo della BI per includere nelle proprie suite ERP anche funzionalità a carattere informazionale:

- SAP (ERP) ha comprato Business Objects (Direzionale)
- ORACLE (ERP e database) ha comprato Hyperion e Decisioneering (direzionali)
- IBM (ERP e sistemi di base) ha acquisito Cognos e SPSS (direzionali).

Il mercato dei sistemi ERP si sta così affermando come l'ambito in cui un singolo fornitore è in grado di affiancare all'efficienza dei sistemi OLTP l'efficacia operativa e la specializzazione tipica della logica OLAP. Nonostante le differenze fra queste tipologie di sistemi l'integrazione in un'unica piattaforma rende tali soluzioni ERP appetibili anche per le organizzazioni che, altrimenti, non sarebbero in grado di sostenere i costi legati all'integrazione senza che le aziende debbano preoccuparsi delle problematiche tecnologico/organizzative legate all'integrazione.

5. Definizione ed evoluzione dei Sistemi ERP

In letteratura sono presenti numerose definizioni di sistema ERP:

- applicazione software standard e customizzzabile che include soluzioni integrate di business per i processi chiave e le principali attività di carattere amministrativo di un'azienda;
- pacchetto software completo che mira ad integrare l'intero ambito dei processi e delle funzioni aziendali al fine di presentare una visione olistica del business tramite un'unica architettura informativa ed informatica.

Oppure si evidenzia che ambiti quali la produzione, la gestione delle risorse umane, l'amministrazione, le vendite e il marketing possono beneficiare di una gestione dell'informazione tramite una sola base dati ed un solo ambiente di sviluppo.

In modo più pragmatico, diamo le due seguenti coordinate:

- i sistemi ERP devono permettere di gestire **tutti i dati che nascono a fronte di tutti i processi** ed eventi aziendali
- permettono quindi di gestire in modo **integrato** e trasversale tutte le attività e i flussi aziendali.

I software ERP, supportando la "business integration", rappresentano molto di più che un cambiamento in termini di infrastruttura tecnologica: il principale beneficio dell'implementazione di un ERP può derivare, infatti, dal cambiamento in termini di processi di business, struttura organizzativa, ruoli e professionalità dei membri dell'organizzazione e conoscenza della gestione delle attività.

Le ragioni che stanno alla base dell'affermazione delle soluzioni ERP sono da ricercarsi nella volontà di perseguire strategie che mirino al miglioramento dell'efficienza, alla riduzione dei costi e all'aumento della flessibilità. Ne deriva inevitabilmente, il passaggio da Sistemi Informativi tradizionali caratterizzati da applicazioni gestionali o legacy separate tra di loro, nei quali l'informatica è strumentale alle singole aree aziendali, a Sistemi Informativi che puntano maggiormente all'integrazione.

Il vantaggio competitivo offerto dai sistemi ERP rispetto ai tradizionali Sistemi Legacy o a soluzioni gestionali risiede nella possibilità di fornire una visione unitaria della gestione aziendale e di poterne controllare l'evoluzione con informazioni integrate e sempre aggiornate. Sebbene ciascun fornitore di sistemi ERP caratterizzi il proprio prodotto con una specifica architettura, il comune denominatore di tali soluzioni è, infatti, il ricorso ad una base di dati (Database) centralizzata in cui sono memorizzate tutte le transazioni effettuate tramite il sistema. Nello specifico, il ruolo del database è di memorizzare i dati provenienti dalle varie applicazioni del sistema ERP (moduli) che supportano le attività aziendali, rendono i dati stessi disponibili ai diversi moduli qualora ne facciano richiesta.

Di seguito un esempio molto semplice ma esplicativo di cosa vuol dire ERP e integrazione

- la funzione commerciale o vendite genera il processo di fatturazione: tale processo produce in output varie righe (record), ogni riga è caratterizzata da codice articolo, prezzo unitario, quantità, sconto, ecc.
- l'amministrazione, nel registrare la fattura (ricavi, IVA e credito verso cliente) sfrutta automaticamente dati già inseriti o calcolati, quali: imponibile, IVA, credito ma anche per esempio il conto di ricavo associato al cliente
- inoltre, la logistica (magazzino) vede automaticamente che la vendita genera un'uscita di prodotti e quindi una riduzione delle scorte, e può valutare eventuali ordini di acquisto o produzione per il ripristino dello stock.

Questo tipo di architettura consente di semplificare i flussi informativi che intercorrono fra le diverse aree aziendali, delocalizzando l'inserimento dell'informazione e garantendone al tempo stesso unicità e aggiornamento in tempo reale. Il flusso continuo e in tempo reale di informazioni di tipo operazionale dovrebbe consentire quindi alle aziende di ottenere reali benefici in termini di produttività, reattività agli eventi esterni e supporto al cliente finale.

Dal punto di vista architetturale i sistemi ERP utilizzano la tecnologia Client-Server (C/S) puntando così sulla delocalizzazione dell'elaborazione dell'informazione creando un ambiente di elaborazione decentrato.

In un sistema C/S i client (front tier) richiedono dei servizi ai server applicativi (*middle tier*) che, a loro volta, interrogano il database server (*back tier*) per recuperare le informazioni legate ai servizi richiesti dall'utente finale. Vi sono così tre strati logici (*tier*) che caratterizzano la tipica architettura di un sistema ERP:

1. **Strato di presentazione**, composto da una Graphical User Interface (GUI) o da un browser e finalizzato ad operazioni di inserimento dati ed accesso alle funzionalità del sistema.

2. **Strato applicativo**, riguardante le funzioni, le regole di business, le procedure, la logica ed i programmi che operano sui dati ricevuti/trasferiti da/verso i database server.

3. **Strato della base di dati**: si occupa di gestire i dati operazionali quasi esclusivamente attraverso gestori di basi di dati relazionali.

Negli ultimi anni si è molto affermata l'architettura WEB: questo significa che il server è un server con caratteristiche WEB e che i pc client (gli utenti) accedono al sistema e utilizzano le funzioni dell'ERP tramite Browser, senza dover installare componenti software specifici su ogni singolo computer (anche centinaia o migliaia).

L'enfasi posta sull'efficienza e l'efficacia a livello operazionale tipica dei sistemi ERP non deve però oscurare il ruolo fondamentale rivestito dagli applicativi informazionali, il cui compito è quello di mettere a disposizione dell'organizzazione strumenti di controllo della gestione che consentano sia il monitoraggio in tempo reale dei processi sia un adeguato supporto alle decisioni tramite differenti livelli di aggregazione dei dati di origine operazionale.

Quest'ultimo aspetto è estremamente significativo del processo di convergenza, ormai consolidatosi nell'ambito dei sistemi ERP, fra sistemi operazionali e informazionali.

Osservando l'evoluzione del rapporto fra sistemi operazionali ed informazionali è possibile isolare tre periodi distinti:

- Un primo periodo (fino alla metà degli anni '90) in cui, dal punto di vista operazionale, vi erano soluzioni legacy o applicativi gestionali creati sulle specifiche esigenze delle aziende committenti. I sistemi informazionali, quando esistenti, operavano in una logica di integrazione supplendo così alla frammentazione delle isole informative tipiche delle architetture operazionali di quel periodo. In sostanza le applicazioni di DW erano pensate per fungere da semplice supporto ai sistemi operazionali.

- Un secondo periodo (dalla metà degli anni '90 fino al 2000) che si presenta caratterizzato da soluzioni ERP fortemente integrate e standardizzate ma, nel contempo, con ampie opportunità di parametrizzazione sulle base delle specifiche esigenze del cliente. Il massiccio ricorso a tale soluzione va ricercato in motivazioni spesso esogene alle specifiche realtà aziendali, quali l'introduzione della moneta unica ed il Millenium Bug. Tale approccio ha prodotto un'adesione totale alle logiche procedurali incorporate nei sistemi ERP con la convinzione che queste supportassero anche attività di tipo informazionale. L'illusione che i sistemi ERP supportassero realmente attività di Business Intelligence è del tutto svanita quando le aziende si resero conto che tali sistemi potevano gestire enormi quantità di dati, ma non erano in grado di presentarli efficacemente nell'ottica di un loro utilizzo a supporto delle decisioni

- L'ultimo periodo (dal 2000 ad oggi) è stato caratterizzato da una rivalutazione del DW come strumento per massimizzare i benefici derivanti della comprovata efficienza ed efficacia dei sistemi ERP dal punto di vista puramente operazionale. Le organizzazioni hanno compreso che non vi può essere un sistema ERP senza che vi sia un correlato progetto di DW che consenta di massimizzare il ROI dell'investimento e di ottenere informazioni realmente utili per i decisori aziendali. Tale dato, insieme a una presa di coscienza della frustrazione da parte di numerose aziende nell'utilizzo degli ERP per accedere a informazioni aggregate ha quindi convinto i fornitori ERP della necessità di sviluppare dei moduli dedicati esclusivamente ad attività di questo tipo.

6. Caratteristiche di un sistema ERP

Il concetto di ERP è sostanzialmente legato all'integrazione, alla standardizzazione, alla copertura e alla flessibilità dei processi aziendali, mentre il sistema software vero e proprio rappresenta contemporaneamente sia la "manifestazione tecnologica" di tali obiettivi sia il cambiamento necessario per ottenerli e mantenerli nel tempo. Da entrambe le definizioni è possibile estrapolare alcuni concetti ricorrenti che permettono di evidenziare alcune delle caratteristiche che differenziano i sistemi ERP da altri applicativi software destinati alla gestione dell'informazione aziendale. In particolare:

1. **orientamento ai processi**: a differenza dei sistemi gestionali tradizionali i sistemi ERP adottano un'ottica di processo. In particolare, ciascun modulo di cui è composto il sistema agisce non più in ottica prettamente funzionale, bensì gestendo l'insieme delle attività omogenee ad uno specifico processo.

2. **standardizzazione delle procedure**: l'adozione di un sistema ERP comporta l'adozione delle cosiddette *best practice*, cioè delle procedure che il fornitore del sistema ERP, sulla base della propria esperienza, considera come quelle più efficienti ed efficaci per lo svolgimento di una determinata attività. Tale standardizzazione non vincola l'organizzazione ad adeguarvisi in modo rigido poiché vi sono margini di personalizzazione delle stesse. Esiste però un trade-off fra il livello di personalizzazione e il costo del progetto: in particolare quanto più l'azienda desidera adattare le procedure del sistema ERP a quelle attualmente utilizzate, tanto più dovrà essere disposta a sostenere i costi legati alla modifica delle best practices offerte dal fornitore. Tali costi sono dovuti in prima istanza alla modifica del software, ma sono legati anche agli aggravi di spesa necessari nel momento in cui l'azienda decidesse di adottare una versione più aggiornata del sistema. Il ricorso alla personalizzazione del sistema ERP comporta, infatti, un'inevitabile diminuzione della compatibilità del software con le nuove versioni che, nel tempo, saranno rilasciate dal fornitore stesso.

Inoltre, la forte spinta verso la standardizzazione costituisce un notevole plusvalore non solo per la singola organizzazione ma anche a livello di intero settore. Il termine standardizzazione assume anche una connotazione che richiama il concetto di specializzazione, già visto trattando di BoB. L'offerta di sistemi ERP verticalizzati per settore ha consentito, infatti, ai fornitori di offrire sistemi ERP le cui best practices riflettessero le peculiarità operative proprie di uno specifico ambito competitivo. In ultima analisi, tale approccio ha consentito alle aziende di ridurre drasticamente i costi di personalizzazione del sistema, minimizzando i tempi e i costi legati alla fase prettamente implementativa.

3. **modularità**: i sistemi ERP sono suddivisi in moduli applicativi ognuno dei quali può essere implementato autonomamente a seconda delle esigenze dell'azienda. Ciò consente di adattare progressivamente le procedure aziendali alle best practices presenti in ciascuno dei moduli che l'organizzazione decide di implementare nel corso del tempo. In tal senso un sistema ERP è *flessibile* poiché consente di supportare nuove attività in modo incrementale senza incorrere in problematiche legate all'integrazione poiché i moduli aggiuntivi operano sulla medesima piattaforma tecnologica e la base di dati rimane unica e centralizzata.

4. **integrabilità**: i sistemi ERP offrono, come detto, un'interoperabilità sia interna al sistema, cioè tra i vari moduli, sia esterna. L'interoperabilità esterna può essere relativa ad applicativi BoB o a soluzioni applicative appartenenti a soggetti partner, quali ad esempio i fornitori. Il concetto di interoperabilità è di estremo interesse poiché ha permesso di estendere il concetto di approccio BoB al settore dei sistemi ERP. In questa particolare accezione del termine, con BoB si intende l'integrazione di applicativi software standard provenienti da fornitori differenti.

Alcuni esempi: Colgate-Palmolive ha impiegato cinque anni per integrare i propri processi e connetterli con circa diecimila partner utilizzando SAP R/3, General Motors ha optato per una soluzione ibrida collegando il modulo amministrativo di SAP con il modulo dedicato alla gestione delle risorse umane prodotto da Peoplesoft.

5. **parametrizzazione e personalizzazione**: in linea generale, parametrizzare il sistema ERP significa adattarlo alle esigenze aziendali sfruttando possibilità (tabelle, maschere, comandi) già presenti e nativi nell'ERP, mentre personalizzare (o *customizzare*) implica effettuare interventi strutturali sol software, di fatto sviluppare codice ad hoc e/o intervenire sul modello dati e quindi sul database. La possibilità di personalizzare il sistema ERP spesso diviene una necessità poiché la maggior parte dei pacchetti raggiungono una copertura delle funzionalità attese dalle aziende compresa solo tra il 60 e il 80 per cento.

Nel caso in cui l'azienda decidesse di personalizzare il sistema, il beneficio derivante dall'indipendenza delle logiche procedurali sia dalla sottostante piattaforma tecnologica, sia dall'organizzazione in senso lato sarebbe comunque garantito grazie all'esistenza di interfacce personalizzabili. Come evidenziato in precedenza, tale approccio comporta però, un inevitabile aumento dei costi ed il rischio di incompatibilità con future versioni del sistema.

7. Il sistema ERP come leva per il cambiamento

In un celeberrimo articolo, Davenport (1998) cita la frase di un manager di un'azienda che così riassume il progetto ERP che ha riguardato la propria azienda: "SAP non è una soluzione software; è un modalità di fare business". La domanda che si pone Davenport è se tale modalità sia realmente la migliore e se e come i vincoli tecnologici coincidano o confliggano con quelli relativi alla tradizionale modalità di condurre il proprio business da parte dell'azienda. A prescindere dalle risposte a tali quesiti, in questo paragrafo ciò che interessa evidenziare è l'influenza di tali sistemi sui principi di conduzione aziendale, principi che spesso poco o nulla hanno a che fare con aspetti di carattere tecnologico. In altre parole, quello che interessa illustrare sono i principali ambiti in cui i sistemi ERP dovrebbero far sentire i maggiori benefici, evidenziando altresì come l'ottenimento di tali benefici sia condizionato da una serie di aggiustamenti relativamente ai seguenti domini dell'organizzazione:

• strategico
• organizzativo
• manageriale
• operativo
• Infrastruttura IT

Le organizzazioni sono costituite da differenti strutture, che a loro volta dipendono dalle caratteristiche dell'organizzazione stessa e da quelle dell'ambiente in cui la stessa compete. L'introduzione dell'Information Technology in tali strutture organizzative ha fortemente influenzato la loro configurazione e i relativi equilibri. Vi sono, infatti, chiare indicazioni del fatto che i benefici tipici dell'implementazione di un sistema ERP derivino proprio dal cambiamento che esso comporta nelle organizzazioni, e dal fatto che in tali cambiamenti i sistemi ERP rivestano un ruolo attivo.

I sistemi ERP contribuiscono alla riduzione dei costi di coordinamento tanto intra-aziendali quanto inter-aziendali favorendo:

- integrazione fra le diverse fasi della catena del valore;
- maggiore integrazione funzionale che permette un più efficiente svolgimento delle attività operative;
- divisione e coordinamento del lavoro;
- integrazione dei sistemi di programmazione e controllo.

Passando ad un'analisi dei singoli punti, il primo riguarda l'integrazione delle diverse fasi della catena del valore, cioè la capacità dei flussi informativi di connettere le unità organizzative operative, allo scopo di migliorare il livello di servizio dell'azienda. Dal punto di vista dei costi di coordinamento i benefici dei sistemi ERP dovrebbero tradursi in risparmi nelle seguenti attività, ed in particolare in relazione ai:

- tempi e costi di trasmissione delle informazioni tra le diverse unità organizzative aziendali, le cui procedure, non essendo più gestite all'interno di isole informative, risultano fortemente incorporate nell'ambito di una "catena del valore" che, grazie al contributo dei sistemi ERP, dovrebbe guadagnare efficacia e efficienza in termini di coordinamento.
- tempi e costi dei processi decisionali: la forte integrazione delle attività strategiche ed operative consente di migliorare la convergenza dei contributi dei diversi attori nei processi decisionali in cui è fondamentale un apporto congiunto.

La maggiore integrazione funzionale è realizzabile grazie alla diffusa proceduralizzazione delle attività aziendali tramite l'adozione di procedure predefinite e di linguaggi descrittivi comuni e condivisi. Questa "testualizzazione dei processi operativi" dovrebbe consentire una comunicazione più fluida, e dunque una maggiore capacità di coordinamento tra le varie unità organizzative tramite:

- riduzione di costi di implementazione di un eventuale nuovo assetto organizzativo, attuando delle modifiche alle procedure;
- miglioramenti nei tempi di trasmissione delle informazioni tra le unità organizzative;
- aumento del grado di utilità delle informazioni e della percentuale del loro utilizzo: la testualizzazione dei processi aziendali con la diffusione di linguaggi condivisi, favorisce la produzione di informazioni rilevanti e di facile utilizzo.

Il processo di divisione e coordinamento del lavoro è facilitato dai sistemi di comunicazione e di coordinamento (posta elettronica, software groupware e workflow, possibilità di realizzare intranet specifici)₁ spesso inclusi nelle applicazioni ERP. Tali sistemi permettono una gestione semplificata del lavoro in team e ne supportano le attività indipendentemente dalla collocazione fisica dei soggetti.

Infine, anche i sistemi di pianificazione e controllo sono profondamente influenzati dall'adozione di sistemi ERP che contribuiscono al miglioramento in termini qualitativi e quantitativi delle informazioni disponibili per il sistema decisionale, disponibilità che influenza fortemente anche le scelte di accentramento/decentramento sul cui presupposto sono pensati e realizzati gli assetti organizzativi.

Oltre ai vantaggi appena menzionati esistono anche altre motivazioni che possono spingere un'azienda ad implementare un sistema ERP.

È dimostrato che i vantaggi ottenibili da un sistema ERP in termini di miglioramento nella gestione dei processi e di integrazioni fra unità di business richiedono cambiamenti.

A questo riguardo i sistemi ERP sono stati spesso definiti come una tecnologia deterministica, dal momento che le organizzazioni devono allineare la struttura organizzativa, i processi e le procedure alla logica incorporata nel sistema ERP stesso.

In ogni caso, nonostante la relazione causale fra l'adozione di un sistema ERP ed il relativo cambiamento organizzativo sia tuttora oggetto di discussione, così come anche la determinazione dell'entità di tali cambiamenti, i sistemi ERP rappresentano comunque uno strumento per ottenere tale tipologia di cambiamento, in particolare in ambiti aziendali in cui l'ottica di processo riveste una importanza primaria. Non a caso "la maggior parte delle innovazioni di processo sono il risultato di una *combinazione fra IT, informazione e cambiamenti organizzativi"*.

8. Orientamento ai processi e alle *best practices*

L'adozione di un ERP ha implicazioni rilevanti sui processi decisionali delle organizzazioni e viene tipicamente accompagnata da significativi interventi a
livello di progettazione organizzativa e soprattutto di reingegnerizzazione dei
processi (*Business Process Reengineering*, BPR). Tutto ciò infatti comporta da un lato un'attività di adattamento delle procedure e dei modelli più o meno standard incorporati nel sistema ERP per far fronte alle esigenze specifiche e alla caratteristiche peculiari dell'organizzazione adottante; dall'altro un'opera di riorganizzazione e ristrutturazione dei processi, delle procedure e dei ruoli all'interno dell'organizzazione stessa in conformità ai nuovi modelli di business permessi o talvolta favoriti dall'adozione dell'ERP. Questo processo di mutuo adattamento ha un costo notevole e tende a concentrarsi nella fase di adozione/implementazione del sistema che, una volta messo in opera con successo, tende a venire "congelato" stabilmente nella forma adottata, come avviene spesso anche nello sviluppo dei sistemi informativi tradizionali.

Il rapporto esistente fra la riorganizzazione dei processi aziendali e la gestione del cambiamento che ne consegue è una tematica dibattuta da tempo: il punto fondamentale, spesso ignorato nel momento di massima notorietà del BPR, sta nel fatto che il cambiamento dovrebbe essere introdotto focalizzandosi sui processi e non sulla tecnologia. Alcuni studiosi del fenomeno ERP hanno tentato di comprendere come il cambiamento organizzativo, da intendersi primariamente come riorganizzazione in ottica di processo, potesse essere gestito al meglio tramite l'implementazione di un sistema.

Sono tre le caratteristiche dei sistemi ERP che possono favorire l'attività di BPR e in particolare:
1. **Estensione del sistema ERP**: i sistemi ERP includono le funzionalità per gestire le attività e i processi vitali di un'azienda. Soprattutto, la combinazione delle funzionalità di un sistema ERP con quanto offerto dalla seconda generazione di sistemi (ERP II o extended ERP) consente di coprire l'intera rete del proprio business, aprendo quindi i processi interni ai clienti e fornitori.
2. **Configurabilità del sistema**: tale caratteristica esprime un concetto estremamente più ampio. Infatti, attraverso la scelta dei moduli principali e dei relativi sotto-moduli è possibile decidere l'estensione delle attività riferibili ad una funzione aziendale che dovranno essere incorporate nel software. D'altro canto la configurazione dei processi così come prevista dal sistema ERP potrebbe già di per sè essere in grado di supportare un processo oggetto di una specifica attività di BPR. SAP R/3, per esempio, offre circa un migliaio di processi preconfigurati in cui i profili degli utenti possono essere successivamente definiti per supportare le attività che coprono più di un processo.
3. **Integrazione del sistema**: tale caratteristica trae la propria origine dalla presenza di una base di dati centralizzata, dal ricorso ad una serie di controlli sullo svolgimento dei processi che sono trasversali alle singole aree funzionali e, infine, dalla possibilità di definire nuovi processi nel software stesso.

8.1 I processi tradizionali

Per descrivere la struttura di un sistema ERP adeguata a supportare i tradizionali processi aziendali per buona parte degli anni "90 era sufficiente uno schema che consente di mettere in rilievo i processi che, indipendentemente dal fornitore, sono stati descritti attraverso le best practices incorporate nei differenti sistemi ERP.

In particolare, ciascun modulo consente di effettuare le seguenti attività:
• **Amministrazione**: storicamente è l'ambito di prima applicazione delle applicazioni informatiche e il modulo è caratterizzato da procedure rigide e molto ben definite alla luce dei vincoli di origine legislativa. Nel tempo essi si sono evoluti ampliando la disponibilità di funzioni avanzate di controllo e gestione orientate all'integrazione dei flussi interni di origine informativa di tipo amministrativo/contabile con soggetti esterni, soprattutto di carattere istituzionale.
• **Logistica**: in questo caso il modulo del sistema ERP si occupa di descrivere e gestire il flusso logistico, tanto in termini fisici quanto rispetto ad attività più prettamente di carattere informativo. In particolare le sotto-attività comprendono la definizione dei materiali, la loro movimentazione e, infine, funzionalità relative all'analisi dei costi e alle valorizzazioni.
• **Vendite**: le procedure che caratterizzano questo modulo coprono attività quali la definizione delle condizioni commerciali (preventivazione) e la gestione vera e propria dell'ordine che, a sua volta, è definita dalle specifiche procedure di ricezione, elaborazione ed evasione.
• **Acquisti**: la necessità di interagire con i propri fornitori implica la necessità di un modulo in grado di gestire le attività di approvvigionamento dei materiali e la richiesta di lavorazioni o servizi esterni. Come nel caso delle vendite, appartenenti al cosiddetto ciclo attivo, anche le

procedure del modulo acquisti (ciclo passivo) possono essere riconducibili a sotto-attività quali la definizione delle condizioni commerciali (individuazione del fornitore più conveniente sulla base di parametri predefiniti) e la gestione dell'ordine al fornitore, a sua volta scomponibile nelle procedure di raccolta delle richieste, emissione dell'ordine ed evasione dello stesso.

• **Produzione**: il modulo del sistema ERP dedicato alla gestione della produzione è il più articolato tanto che nel corso degli anni si è assistito ad uno scorporo delle attività relative alla pianificazione che sono confluite in un modulo specifico. Ciò nonostante, la complessità delle procedure rimane elevata poiché esso deve gestire attività quali la definizione della distinta base, del ciclo produttivo e l'avanzamento/controllo della produzione. Alla luce dell'eterogeneità dei settori merceologici, i fornitori di sistemi ERP si sono resi conto che questo modulo è quello che più si presta a verticalizzazioni che consentano il rispetto di vincoli produttivi (MTO, MTS) e di vincoli legislativi (per esempio le certificazioni di processo per le aziende chimico/farmaceutiche).

• **Pianificazione delle risorse**: tale modulo comprende processi che in precedenza erano definiti nel modulo della produzione ma che, per l'elevata criticità e complessità, sono stati scorporati nel sistema ERP. In particolare tale modulo permette di gestire le attività di pianificazione della produzione, il magazzino e la valutazione delle disponibilità di risorse (umane, macchinari, materiali) da dedicare alla produzione, sia presenti internamente all'azienda, sia presso terzisti.

• **Risorse umane** (HR): in questo caso l'ambito applicativo del modulo del sistema ERP comprende attività quali la gestione anagrafica del personale, i ruoli, gli avanzamenti fino ad attività più strutturate quali le gestioni degli strumenti per la ricerca, la selezione e l'incentivazione del personale.

8.2 Il supporto a processi innovativi

Una delle tendenze più evidenti degli ultimi anni è lo spostamento della prospettiva aziendale dall'interno verso l'esterno: la necessità di efficienza interna, obiettivo primo da raggiungere tramite un sistema ERP, non è più fattore determinante. Per le aziende è ormai cruciale il fatto di poter interagire con i propri partner, siano essi fornitori, terzisti o clienti.

La novità di tale approccio risiede nella necessità di dover forzatamente condividere, o quantomeno aprire, una vista sui processi aziendali interni agli attori esterni coinvolti. Si realizza così il passaggio dal concetto di "catena del valore" a quello di "sistema del valore", dove l'azienda è parte di una catena del valore estesa composta da diversi soggetti attivi che aggiungono valore in diverse fasi del processo. La complessità indotta da tale configurazione è duplice: in primo luogo, dal punto di vista organizzativo diviene fondamentale l'adattamento e la condivisione di processi inter-aziendali (applicando in alcuni casi perfino un BPR esteso). Dal punto di vista tecnologico la complessità risiede, oltre che nelle personalizzazioni derivanti dalle modifiche delle best practices, anche nell'eventualità di dover gestire l'interazione fra moduli ERP estesi appartenenti a suite ERP eterogenee dal punto di vista tecnologico.

Nonostante tali problematiche il concetto di impresa allargata non ha perso interesse nel corso degli anni, anzi, ha decisamente influenzato le strategie dei fornitori di sistemi ERP.

9. Rassegna sul Mercato

Per prima cosa, si tratta di definire in modo preciso il perimetro dei software ERP. Pur con molte definizioni, e in base a quanto detto, l'offerta è abbastanza complessa da analizzare, per vari motivi:

- la tendenza a definirsi ERP anche da parte di aziende che producono sistemi software forse non ERP in tutti i sensi (copertura parziale processi)
- mercato caratterizzato da acquisizioni e fusioni di aziende e di marchi e prodotti
- nel tempo il nome degli ERP può cambiare o possono differenziarsi per dimensione e settore.

Certamente, un requisito semplice ma efficace per riconoscere se un software rientra tra gli ERP a pieno titolo, è la presenza o meno del modulo di gestione e pianificazione della produzione. Tale modulo pone un confine tra software gestionali anche di fascia medio bassa e prodotti integrati ERP.

Fatte queste premesse, il mercato dei software ERP presenta le seguenti caratteristiche:

- negli ultimi tempi si va "oligopolizzando": i player, specie quelli primari, non sono ormai molti
- esistenza di software internazionali e software nazionali (in diminuzione)
- prodotti "orizzontali", ormai sempre più rimpiazzati da prodotti "verticali", cioè progettati per specifici settori
- prodotti tecnologicamente nuovi (nati in ottica WEB e Mobile) e prodotti più obsoleti
- software con prezzi molto elevati (di prodotto e di progetto) e software molto contenuti, anche adatti a piccole aziende ma molto più rigidi.

Limitando l'analisi ai player più importanti a livello mondiale, presentiamo di seguito il *quadrante magico* di Gartner (Leader mondiale in ambito consulenza IT).

Il quadrante divide i prodotti in quattro segmenti, in base alla completezza di visione (funzionalità e ottica prospettica) ed efficacia esecutiva (capacità di imporsi sul mercato).

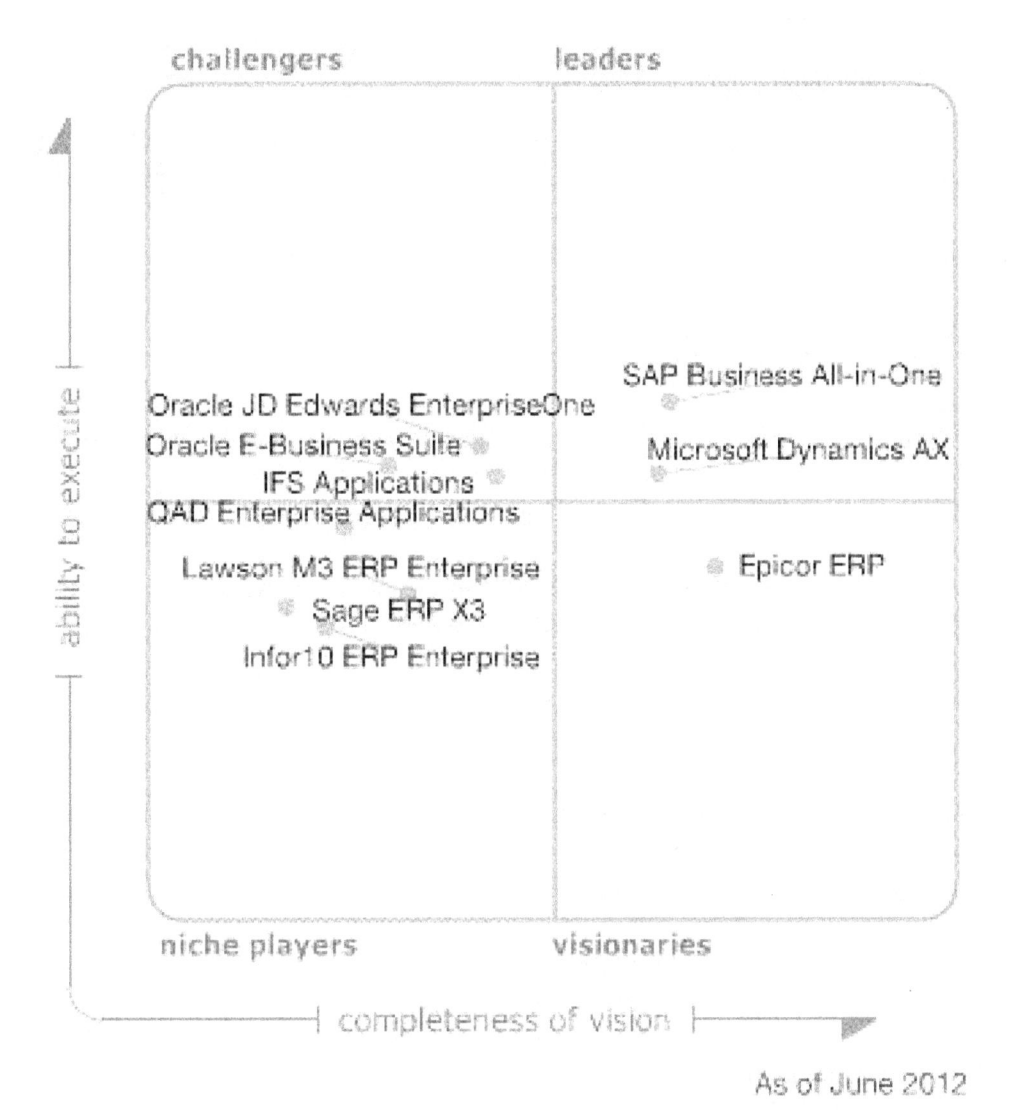

Source: Gartner (June 2012)

In base ai due assi, risultano quattro segmenti. Alcune note:

- si tratta di nomi in alcuni casi poco noti a livello generale e solo tra addetti ai lavori
- emergono comunque come leader Microsoft (con il suo prodotto di fascia alta, AX) e SAP (tra i "padri fondatori" degli ERP)
- Oracle, più nota per i database ma leader mondiale anche negli ERP, sembra in leggero declino (in Italia comuqnue la sua quota di mercato in ambito ERP è molto bassa)
- tra gli altri nomi, una nota per *Laswon M3*, ERP abbastanza diffuso in Italia in ambito meccanico.

Tra i prodotti Italiani, la competizione e la crisi degli ultimi anni hanno fortemente ridotto il numero di attori e di prodotti. Si possono citare le seguenti aziende e relativi prodotti.

- Zucchetti, casa software storica italiana, propone diversi ERP, in base a dimensione azienda e caratteristiche: *Ad Hoc, Ad Hoc Revolution, Infinity, Mago. Net*
- Il consorzio Nav-Lab, che propone soluzioni gestionali di Microsoft.

In realtà in Italia è in rapida diffusione il prodotto *Dynamics Nav*, di Microsoft, proposto da molti partner sul territorio.

La scelta di un prodotto internazionale (Microsoft, SAP oppure Oracle) è fondamentale per aziende operanti su più paesi, per le quali è fondamentale che l'ERP sia certificato rispetto a normative contabili e fiscali di altri paesi. Oltre che localizzato nelle lingue più varie (cinese, spagnolo, indiano, ..).

Capitolo 9 - SISTEMI DIREZIONALI: LA BUSINESS INTELLIGENCE

1. Cosa sono i sistemi di Business Intelligence

Il termine *Business Intelligence* (B.I.) viene coniato nel 1958 quando Hans Perter Luhn, ricercatore tedesco presso l'IBM, elabora un sistema automatico in grado di diffondere informazioni tra varie sezioni di una qualsiasi organizzazione industriale, scientifica o governativa.

Seppure spesso il termine sia usato in modo impreciso (per esempio a indicare la semplice reportistica aziendale), oggi grazie alla Business Intelligence si fa riferimento ad un insieme di procedure, tecnologie e processi per raccogliere, integrare e analizzare informazioni strategiche di business.

Con la locuzione Business Intelligence (di seguito BI) si possono intendere:

- L'insieme di processi aziendali per raccogliere ed analizzare informazioni strategiche
- La tecnologia utilizzata per realizzare questi processi
- Le informazioni ottenute come risultato di questi processi.

Le organizzazioni raccolgono dati per ottenere informazioni, valutazioni e stime riguardo al contesto aziendale proprio e del mercato cui partecipano (ricerche di mercato e analisi degli scenari competitivi) e utilizzano le informazioni elaborate attraverso una strategia di business intelligence per incrementare il loro vantaggio competitivo.

Il termine Business Intelligence fin dall'origine ingloba sia i più tradizionali sistemi di raccolta dei dati finalizzati ad analizzare il passato o il presente e a capirne i fenomeni, i problemi o le determinanti delle performance ottenute, sia i sistemi che realizzano stime sul futuro, simulando e creando scenari.

Il termine Business Intelligence è riferito ad un campo molto ampio di attività, sistemi informativi aziendali e tecnologie informatiche finalizzate a supportare, e in qualche caso ad automatizzare processi di misurazione, controllo e analisi dei risultati aziendali e processi di decisione aziendale in condizioni variabili di incertezza. Il tutto integrato nel classico processo virtuoso di "misurazione, analisi, decisione, azione".

L'esigenza e la diffusione dei sistemi di Business Intelligence nascono per rispondere a specifiche problematiche e perseguire i seguenti obiettivi:

- Trasformare i dati (spesso troppo "granulari") in informazioni operative e strategiche (sintetiche) di supporto al sistema direzionale
- Sfruttare meglio il patrimonio di dati dei database aziendali o dipartimentali
- Consentire a funzioni operative e manageriali di compiere analisi caratterizzate da maggior efficacia, flessibilità, e rapidità
- Snellire i CED o servizi EDP interni da continue richieste di personalizzazione e modifica di funzioni di output (report, tabulati, statistiche)
- Integrare *front-end* spesso molto diffusi (Excel) con i sistemi gestionali, fornendo i dati *dove* servono, *come* servono e *quando* servono
- Tradurre in reali utilizzi operativi concetti ormai diffusi nella cultura aziendale, quali: simulazioni *what-if*, cruscotti aziendali, controllo di gestione, analisi ABC, catena del valore
- Controllare sia le performance aziendali, sia le evoluzioni di progetti strategici.

Visto che uno degli scopi principali delle piattaforme di BI è la trasformazione di dati aziendali in informazioni in modo da renderle fruibili a diversi livelli di dettaglio, è utile evidenziare le differenze tra i concetti di dato e informazione.

- I dati (gestionali) hanno le seguenti caratteristiche:
  - Analitici (alto livello di dettaglio)
  - Aggiornati in tempo reale
  - Guidati dalle transazioni
  - Supportano il *day by day*
  - Sono utilizzati in modo ripetitivo dal personale operativo
  - Hanno un orizzonte temporale breve (60 – 90 giorni)

Per quanto riguarda invece le informazioni: sono sintetiche, aggiornate periodicamente, multidimensionali, guidate dall'analisi, utilizzate in modo non ripetitivo, storiche (da 3 a 10 anni) e con una dimensione temporale.

Il dato si trasforma in informazione quando suggerisce un'azione, di conseguenza i dati elementari messi in relazione tra loro o aggregati generano nuove informazioni.

Generalmente i dati hanno bisogno di essere collocati in un contesto, completati, trasformati ed interpretati, mentre le informazioni possono essere utilizzate per sviluppare un ragionamento utile per prendere decisioni strategiche e/o operative. Proprio per questo motivo molto spesso si utilizza anche la terminologia *Decision Support System* (DSS).

La BI si rivolge a tutte le figure aziendali che possono essere aiutate dall'analisi dei dati nel prendere decisioni o nel controllo di fattori chiave delle loro attività.

I diversi attori delle decisioni aziendali svolgono compiti differenti e ciò significa che ognuno di essi ha la necessità di analizzare dati diversi quindi i sistemi di BI devono essere in grado di rispondere in modo appropriato alle specifiche esigenze. La distribuzione intelligente delle informazioni deve quindi essere automatica e differenziarsi sui contenuti distribuiti, sulla frequenza di distribuzione e sull'interazione con le informazioni.

Un possibile rischio della Business Intelligence è di creare in azienda una "anarchia informativa", ovvero nella disponibilità delle informazioni a tutti e indistintamente. Perciò una soluzione di BI viene sfruttata al meglio quando l'informazione distribuita è anche fortemente standardizzata. Questo non significa poca libertà di interazione con le informazioni, ma si intende piuttosto la tendenza verso la massima libertà su informazioni certificate (i dati devono essere "validati").

In estrema sintesi la BI è la capacità di un'organizzazione di capire il proprio business (processi, clienti, risorse, sistemi, contesto competitivo) per intervenire su di esso in modo consapevole, tempestivo, efficace ed efficiente.

2. Tecnologie di Business Intelligence

Progettare una soluzione di Business Intelligence implica un processo in più fasi. A partire dalle sorgenti sia interne (transazionali) che esterne (dati di mercato), i flussi di dati sono fatti convogliare in Data Warehouse e Data Mart attraverso il processo ETL (*extraction, transformation & loading*) che permette di estrarre, trasformare e caricare i dati di origine attraverso l'uso dei Metadati ("dati sui dati", che descrivono come processare le sorgenti dei dati e come utilizzarli nelle applicazioni *end user*).

A questo punto i dati, trasformati in informazioni, vengono messi a disposizione delle varie tipologie di utenti finali che possono effettuare analisi grazie all'utilizzo di *tool* e software *front-end*.

È quindi possibile identificare due principali componenti nei processi di Business Intelligence:

- Componente tecnologica: costituita dalla raccolta dati che devono poi essere convertiti in informazioni grazie all'utilizzo di strumenti software di trasferimento e trasformazione
- Componente informativa: rappresentata da report e cruscotti informativi sintetici, ovvero informazioni utilizzabili per l'analisi, la reportistica, la distribuzione automatica.

Nell'immagine sottostante sono rappresentate tutte le fasi di questo processo, che saranno oggetto di approfondimento nel presente paragrafo.

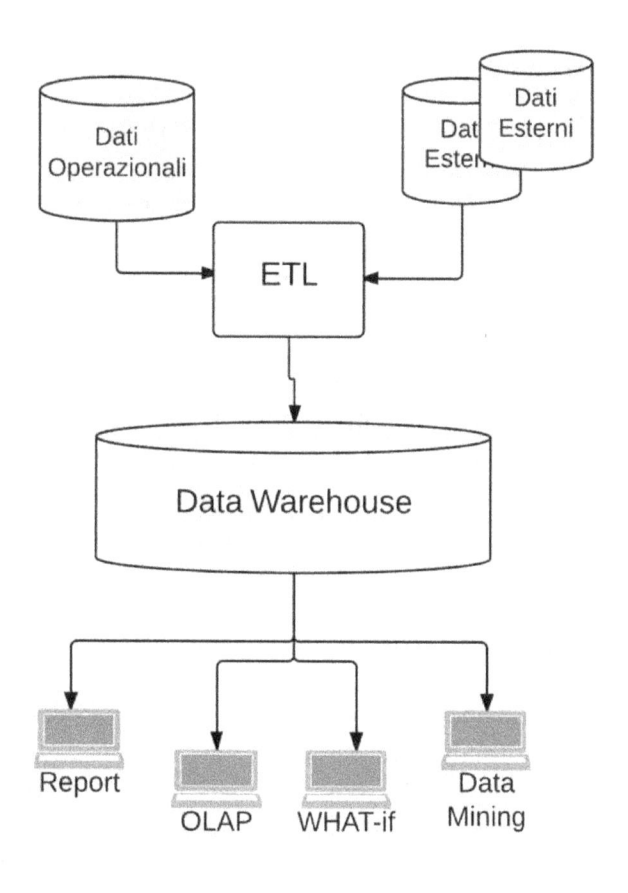

Il processo inizia con l'estrazione dei dati da fonti interne ed esterne; tuttavia questi dati hanno formati e tecnologie eterogenee e questo rappresenta un problema nella loro gestione, a cui si fa fronte con i processi ETL.

I processi ETL (estrazione, trasformazione e caricamento) sono elementi fondamentali e ad alto valore aggiunto di un'infrastruttura di Business Intelligence.

Sebbene siano per lo più invisibili agli utenti della piattaforma di BI, i processi ETL recuperano i dati da tutti i sistemi operativi e li pre-elaborano per i *tool* di analisi e di reporting.

La precisione e la tempestività dell'intera piattaforma di BI dipende in larga misura dai processi ETL. I processi di estrazione, trasformazione e caricamento hanno come obiettivo il trasferimento dei dati dalle applicazioni di produzione ai sistemi di Business Intelligence e comprendono step multipli:

- Estrazione dei dati dalle applicazioni di produzione e dai database (ERP, CRM; RDBMS, ….)
- Trasformazione di questi dati per la loro riconciliazione su tutti i sistemi sorgente, svolgimento di calcoli o *parsing* di stringhe, arricchimento con informazioni di *lookup* esterne e confronto con il formato richiesto dal sistema target
- Caricamento (*load*) dei dati risultanti nelle varie applicazioni BI: Data Warehouse o Data Mart, applicazioni OLAP, Data Reporting, Data Mining.

I processi ETL richiedono una connettività di vasta portata per i pacchetti di applicazioni, database, *mainframe*, file e servizi web.

Le trasformazioni coinvolte nei processi ETL possono essere altamente complesse perché i dati di input devono essere aggregati, sottoposti a *parsing*, calcolati e subiscono diverse elaborazioni.

I software ETL più utilizzati nel mercato sono:

- SmartDB Workbench
- DataStudio
- Integrator
- Informatica Power Center
- Datastage IBM
- SSIS Microsoft
- I-service Ingenium Technology
- Scriptella ETL
- Benetl
- Oracle Data Integration Suite
- Kettle Pentaho Data Integration

Dopo il processo ETL i flussi di dati sono convogliati in Data Warehouse che contiene dati integrati, storicizzati, di qualità, raccolti in tabelle collegate da relazioni, e organizzata per essere la sola fonte di dati per tutte le applicazioni di BI.

Il Data Warehouse rappresenta un magazzino dati aziendale o dipartimentale costruito con database di tipo relazionale (*Relational Database Management System* (RDBMS) come Oracle o SQL server) o a volte con database dedicati di tipo multidimensionale. Esso costituisce la base dati per attività di analisi, statistiche, reporting, *Decision Support System* (DSS) e Business Intelligence (reporting, OLAP, simulazioni e previsioni, data mining). Il Data Warehouse contiene solo i dati che saranno necessari alle analisi che l'azienda ritiene di svolgere ora e in futuro.

Le principali caratteristiche del Data Warehouse sono:

- **Integrazione**: i dati di interesse provengono dalle diverse fonti informative aziendali e sono convogliati in un unico ambiente di analisi. Il DW riconcilia i dati aziendali eliminando le eterogeneità delle diverse rappresentazioni (nomi, codifica, rappresentazione multipla)
- **Storicità**: l'orizzonte temporale è nell'ordine di anni e l'evoluzione storica dei dati costituisce un'importante fonte informativa
- **Univocità**: il DW rappresenta le informazioni aziendali in modo univoco e costituisce l'unica fonte di dati per l'azienda

È importante ricordare che, essendo un magazzino dati, non risolve da solo le esigenze informative del management, per cui è necessario disporre di software integrati o collegati al DW che leggano i dati al suo interno e sviluppino le opportune elaborazioni (report, grafici, scenari, trend, ecc.).

Spesso viene costruito utilizzando la stessa logica dei database operazionali. Per esempio può essere utilizzato *SQL server* oppure Oracle. È anche possibile che sia realizzato mediante motori dati dedicati, con struttura multidimensionale o mista (relazionale e multidimensionale).

Nello schema sottostante è possibile effettuare un confronto tra DW e un sistema operazionale tradizionale (sistemi OLTP) utilizzati nella gestione di transazioni strutturate e ripetitive. Da questa rappresentazione è possibile cogliere i punti di forza di un Data Warehouse: la possibilità di accedere a tutti i dati aziendali centralizzati in un unico database, la coerenza e il consolidamento dei dati, la velocità nell'accesso alle informazioni e la capacità di fornire un supporto per l'analisi dei dati.

In termini di misure e dimensioni la metafora ideale per rappresentare un Data Warehouse è quella di un "ipercubo", dove i lati/spigoli contengono le anagrafiche e tutti gli incroci interni, le celle, contengono i dati numerici. Per misure ci si riferisce a valori, generalmente numerici, utilizzati dagli utenti per la misurazione del loro business come per esempio quantità vendute, ricavo, costo, presenza/assenza di un evento. Per dimensioni ci si riferisce a chiavi di lettura per l'analisi dei dati quantitativi. Di una dimensione è possibile identificare la cardinalità, la quale rappresenta il numero dei suoi elementi, e gli attributi ovvero le caratteristiche descrittive della dimensione.

Le dimensioni sono caratterizzate spesso da gerarchie, ad esempio la dimensione *Tempo* può essere formata da anni, mesi, giorni.

L'immagine successiva rappresentazione la struttura di un "ipercubo".

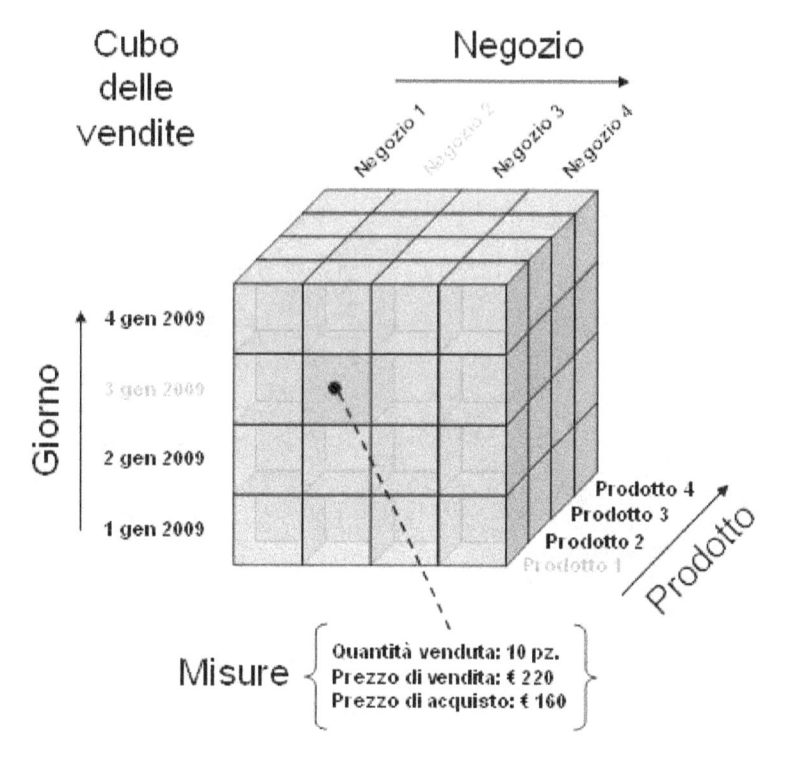

Quando il Data Warehouse riguarda solo un settore o ambito aziendale è più corretto utilizzare il termine Data Mart: magazzini dati dipartimentali, in pratica piccoli Data Warehouse comunque collegabili in un più ampio modello dati complessivo, una rete di Data Mart.

La differenza fondamentale tra un DW e un DM consiste nel fatto che la creazione del Data Warehouse avviene in maniera generalizzata per poi venire incontro alle specifiche esigenze, mentre il Data Mart viene generalmente creato per soddisfare una determinata e specifica esigenza.

La necessità di creare un sistema separato per il Data Mart rispetto al Data Warehouse si riassume nelle seguenti motivazioni:

- La necessità di utilizzare un diverso schema
- Migliorare le performance separando l'hardware dedicato
- Garantire una maggiore sicurezza dovendo autorizzare l'accesso ad un insieme minore di dati.

Le informazioni, immagazzinate in Data Warehouse e Data Mart vengono rese disponibili agli utenti che possono effettuare analisi attraverso strumenti di *front end* quali *report generator*, strumenti OLAP, Data Mining e strumenti per l'analisi *what – if* (che verranno esaminati nel paragrafo successivo).

In termini generali, anche se ogni analisi si sviluppa in maniera autonoma riferendosi al particolare contesto considerato, è possibile sviluppare un processo ideale di natura ciclica che caratterizza l'evoluzione dei processi di BI così strutturato:

- Analisi: in questa fase si deve comprendere in maniera precisa il problema da affrontare; un *decision maker* elabora un modello del fenomeno analizzato, selezionando i fattori che risultano maggiormente rilevanti. Le metodologie di Business Intelligence permettono al *decision maker* di sviluppare in maniera veloce diversi percorsi, per esempio l'esplorazione dei cubi dati sotto varie forme logiche.
- Comprensione: questa fase serve al *decision maker* per raggiungere una conoscenza più approfondita del fenomeno d'interesse. Le informazioni elaborate in fase di analisi sono trasformate in *knowledge* nella fase di comprensione.
- Decisione: le conoscenze si traducono in decisioni che poi devono essere sviluppate ulteriormente in azioni da intraprendere. Le metodologie di Business Intelligence permettono di svolgere in modo efficace ed agile le fasi di comprensione e decisione, operando così in maniera tempestiva attuando le strategie di interesse per soddisfare gli obiettivi della propria azienda.
- Misura: la quarta ed ultima fase del ciclo di Business Intelligence tratta la misura delle prestazioni, basate su metriche comprendenti non solo indicatori finanziari ma anche prestazionali relativi ai diversi segmenti aziendali.

Le fasi di un'analisi di Business Intelligence sono rappresentate nella figura sottostante.

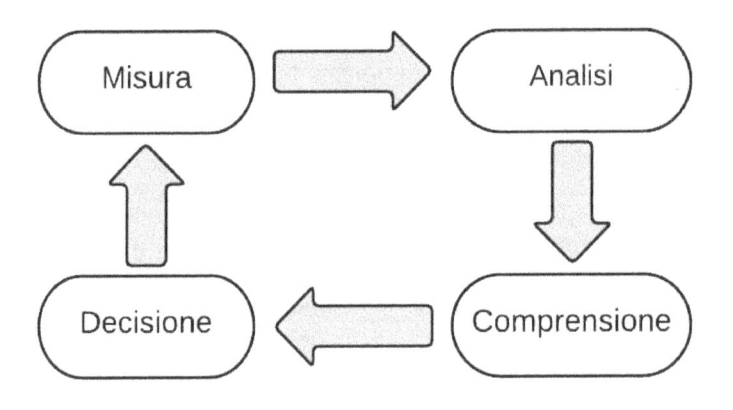

3. Applicazioni

Anche se si può disporre di un Data Warehouse perfettamente strutturato, se non si ha il giusto *tool* di *front-end* è difficile avere una Business Intelligence di successo.

Il *front end* è la parte di un sistema software che gestisce l'interazione con l'utente o con sistemi esterni che producono dati di ingresso, il *back end* invece è la parte che elabora i dati generati dal *front end*. La distinzione di una parte di ingresso e di una parte terminale nei sistemi software è un genere di astrazione che aiuta a mantenere le diverse parti di un sistema complesso logicamente separate e quindi più semplici.

Front End è un termine largamente utilizzato per caratterizzare le interfacce che hanno come destinatario un utente. Un'applicazione *front* è un programma con il quale l'utente interagisce direttamente.

Il *front-end* di Business Intelligence è formato da *tool* e interfacce che gli utenti usano per accedere ai dati, monitorare i trend e svolgere analisi.

I principali tool di Business Intelligence sono:

- Strumenti di query e *report generator*
- Strumenti OLAP
- Data Mining
- Strumenti per analisi *what – if*

4. Query e Report Generator

I termini query e reporting sono a volte usati in modo intercambiabile perché una query di business e un *report generator* offrono entrambi la possibilità di ottenere i dati e formattarli per creare un report.

I *tool* per le query e il reporting business sono anche denominati "*ad hoc query tool*" anche se in realtà le query non sono sempre sviluppate ad hoc, ma sono spesso report adattati. A volte si usa anche il termine *Report generator*.

Strumenti di query e di reporting sono spesso utilizzati nei processi decisionali e gestionali. Gli utenti aziendali chiedono di poter creare da soli le interrogazioni e le analisi. Le query di business e i tool di reporting sono quindi un modulo essenziale per consentire agli utenti un accesso "autonomo" alle informazioni.

In alcuni casi però i report sono veramente ad hoc: devono soddisfare una richiesta univoca di business, che non sarà mai più affrontata in futuro. Le query ad hoc possono avere una natura esplorativa dovuta alla necessità degli utenti di trovare la radice di un problema, di verificare una teoria o di cambiare un modello di business.

Quando gli utenti esplorano i dati, ciò che inizia come query ad hoc o domanda specifica può poi diventare un report adattato.

Le query di business e i *tool* di reporting variano notevolmente in funzione delle loro capacità di formattazione. Infatti, il *top management* apprezza molto, nella reportistica, la presenza di grafici, stili, layout che permettono di trasmettere le informazioni in modo efficace e chiaro.

I *report generator* consentono agli utenti aziendali di accedere a una fonte di dati (ad esempio database) usando termini commerciali senza dover scrivere alcun codice SQL. L'elemento chiave in questo caso è disporre di uno strato di metadati che nasconda la complessità della struttura fisica del database all'utente business.

Una tipologia di report particolarmente utilizzata sono i report statici (*Standard Report*), in cui sia il potenziale informativo in termini di misure e dimensioni d'analisi sia la struttura ed il lay-out sono chiaramente definiti a priori e non modificabili dagli utenti.

Questi report sono destinati al management e agli analisti oppure vengono utilizzati e distribuiti, con le necessarie limitazioni, come informativa aziendale ufficiale.

Con il termine *Dashboard* (cruscotto) si definisce un sottoinsieme di reporting che presenta dati e informazioni relative alle prestazioni di una organizzazione o di una sua specifica funzione, in modo grafico, sintetico e con un certo grado di interattività. I cruscotti vengono utilizzati sempre più spesso per diffondere in tempo reale dati provenienti da applicazioni operative. I cruscotti molto spesso sintetizzano andamento del business aziendale tramite i cosiddetti KPI – *Key Performance Indicators* – misure sintetiche delle prestazioni aziendali.

5. Strumenti OLAP

Con la sigla OLAP (*On Line Analytical Processing*) si intende la possibilità messa a disposizione dell'utente di costruire, modificare e personalizzare analisi report decidendo autonomamente: dimensioni d'analisi, livello di dettaglio e quali dati numerici sottoporre ad elaborazione, il tutto in modo molto semplice. È dunque l'utente che può pilotare i report on line in base a esigenze e prospettive diverse.

Concretamente ogni esecuzione o modifica di OLAP comporta una query che va ad interrogare il database operazionale (sconsigliabile) o il Data Warehouse (o datamart) creato appositamente per il sistema si BI, oppure il database multidimensionale proprietario. Le tre modalità dipendono dalle scelte progettuali e da quale software di BI è stato scelto.

Risulta evidente che le tecniche OLAP si distinguono da un sistema di reporting per il fatto che quest'ultimo offre un set predefinito di report, modificabile e integrabile, mentre le tecniche OLAP mettono in evidenzia la facilità per l'utente di cambiare totalmente strategia di analisi, senza che a priori siano stati creati report dedicati.

OLAP è una metodo che si focalizza sull'esplorazione e sull'analisi dei dati mentre i *tool* per le query e il reporting pongono l'attenzione sulle modalità di accesso ai dati per scopi di monitoring; OLAP sposta l'accento da "cosa" sta accadendo verso l'indagine del "perché" sta accadendo, dal momento che gli utenti possono non sapere con precisione quali sono le informazioni che stanno cercando.

Inoltre i sistemi OLAP si differenziano dai sistemi OLTP (*On Line Transaction Processing*) in quanto:

- Orientati al supporto delle decisioni
- Pensati per supportare interrogazioni molto complesse che accedono a milioni di report
- Contengono dati storici, aggregati e recuperati da diverse fonti.

Le analisi OLAP consentono la navigazione sull'informazione contenuta in un cubo; le principali operazioni svolte dagli strumenti OLAP sono:

- *Drill (Up, Down e Accross):* permette di percorrere la gerarchia in ogni direzione e livello di dettaglio. A seguire un esempio di Drill Down per gerarchia anno/mese.

Categoria	Vendite 2002
ALIMENTARI	€ 98.080
BEVANDE	€ 23.032
FRESCO	€ 34.423
FREDDO	€ 28.321
CURA CASA	€ 12.321
CURA PERSONA	€ 15.430
PET CARE	€ 9.879

Categoria	Vendite				
	01/2002	02/2002	03/2002	04/2002	05/2002
ALIMENTARI	€ 20.603	€ 19.441	€ 19.133	€ 19.287	€ 19.616
BEVANDE	€ 4.713	€ 4.549	€ 4.636	€ 4.546	€ 4.586
FRESCO	€ 7.811	€ 6.465	€ 6.672	€ 7.116	€ 6.361
FREDDO	€ 5.433	€ 5.463	€ 5.554	€ 5.641	€ 6.229
CURA CASA	€ 2.785	€ 2.141	€ 2.229	€ 2.578	€ 2.587
CURA PERSONA	€ 2.854	€ 3.008	€ 2.974	€ 3.109	€ 3.485
PET CARE	€ 1.933	€ 1.942	€ 1.933	€ 1.933	€ 2.139

- *Slice and Dice*: poter esprimere una variabile rispetto a qualsiasi incrocio di dimensioni ad essa correlate, a seguire un esempio.

Canale	Categoria	Vendite			
		01/2002	02/2002	03/2002	04/2002
G.D.	ALIMENTARI	€ 9.863	€ 9.867	€ 9.500	€ 3.423
	BEVANDE	€ 8.340	€ 9.324	€ 9.234	€ 2.432
	FRESCO	€ 4.324	€ 5.432	€ 5.342	€ 2.432
	FREDDO	€ 3.421	€ 7.432	€ 4.324	€ 2.343
G.O.	ALIMENTARI	€ 8.723	€ 2.342	€ 5.324	€ 4.232
	BEVANDE	€ 4.713	€ 4.549	€ 4.636	€ 7.345
	FRESCO	€ 7.811	€ 6.465	€ 6.672	€ 5.434
	FREDDO	€ 5.433	€ 5.463	€ 5.554	€ 3.454
Dettaglio	ALIMENTARI	€ 6.889	€ 8.432	€ 5.432	€ 5.432
	BEVANDE	€ 4.713	€ 4.549	€ 4.636	€ 3.425
	FRESCO	€ 7.811	€ 6.465	€ 6.672	€ 3.453
	FREDDO	€ 5.433	€ 5.463	€ 5.554	€ 3.435
Ingrosso	ALIMENTARI	€ 9.832	€ 5.672	€ 3.543	€ 5.642
	BEVANDE	€ 4.713	€ 4.549	€ 4.636	€ 3.424
	FRESCO	€ 7.811	€ 6.465	€ 6.672	€ 3.534
	FREDDO	€ 5.433	€ 5.463	€ 5.554	€ 3.422

Mese	Canale	Vendite			
		ALIMENTARI	BEVANDE	FRESCO	FREDDO
01/2002	G.D.	€ 9.863	€ 8.340	€ 4.324	€ 3.421
	G.O.	€ 8.723	€ 4.713	€ 7.811	€ 5.433
	Dettaglio	€ 6.889	€ 4.713	€ 7.811	€ 5.433
	Ingrosso	€ 9.832	€ 4.713	€ 7.811	€ 5.433
02/2002	G.D.	€ 9.867	€ 9.324	€ 5.432	€ 7.432
	G.O.	€ 2.342	€ 4.549	€ 6.465	€ 5.463
	Dettaglio	€ 8.432	€ 4.549	€ 6.465	€ 5.463
	Ingrosso	€ 5.672	€ 4.549	€ 6.465	€ 5.463
03/2002	G.D.	€ 9.500	€ 9.234	€ 5.342	€ 4.324
	G.O.	€ 5.324	€ 4.636	€ 6.672	€ 5.554
	Dettaglio	€ 5.432	€ 4.636	€ 6.672	€ 5.554
	Ingrosso	€ 3.543	€ 4.636	€ 6.672	€ 5.554
04/2002	G.D.	€ 3.423	€ 2.432	€ 2.432	€ 2.343
	G.O.	€ 4.232	€ 7.345	€ 5.434	€ 3.454
	Dettaglio	€ 5.432	€ 3.425	€ 3.453	€ 3.435
	Ingrosso	€ 5.642	€ 3.424	€ 3.534	€ 3.422

6. Data Mining

Le tecniche di *Data Mining* rappresentano un passo conoscitivo maggiore rispetto alle analisi OLAP, applicabili di solito in settori specifici e con esigenze avanzate.

Possiamo definire il Data Mining come il processo analitico finalizzato ad esplorare grosse quantità di dati nella ricerca di regolarità consistenti e/o relazioni sistematiche tra variabili, e quindi a validare i risultati ottenuti applicando le regolarità individuate a nuovi sottoinsiemi di dati.

L'obiettivo principale consiste nell'identificare relazioni e tendenze tra dati per prevedere fenomeni di mercato e consolidare le conoscenze di base sul proprio business.

Il Data Mining si basa su sofisticate tecniche matematiche e statistiche, tra le quali:

- Analisi Cluster (detta anche a *grappoli*)
- Analisi Fattoriale
- Modelli di reti neurali
- Alberi Decisionali
- Modelli Predittivi

L'analisi di *cluster* si occupa di ordinare e classificare elementi di un campione, allo scopo di individuare caratteristiche tipiche e di formare gruppi omogenei, mentre gli alberi decisionali individuano le variabili causa che hanno maggior influenza su una variabile risposta.

Lo schema sottostante ripercorre l'intero impianto di Data Mining

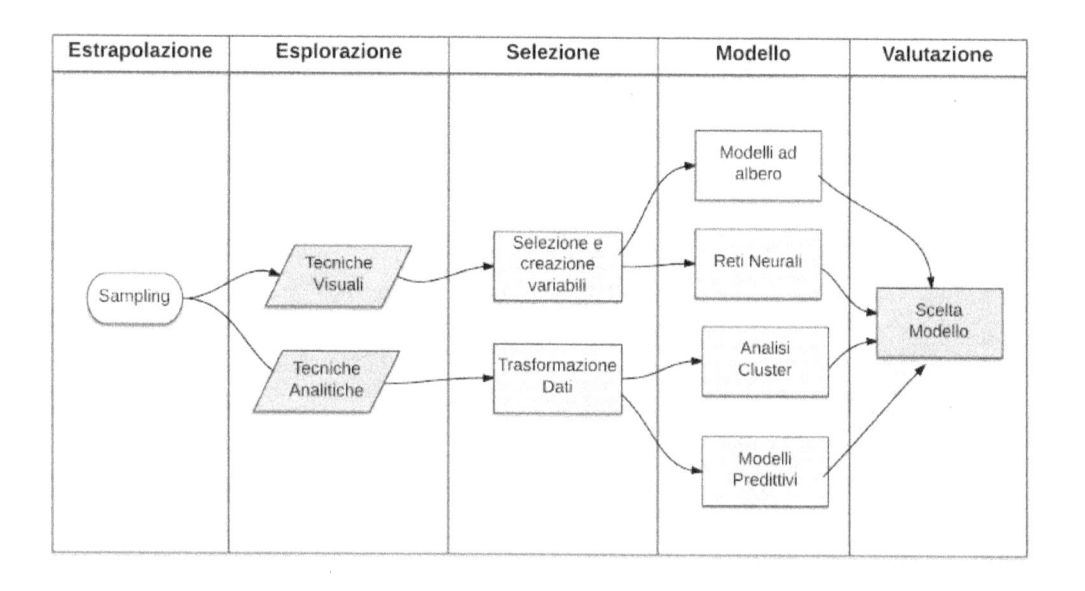

7. Strumenti per l'analisi *What-if*

L'analisi *What-If* è una tecnica di simulazione che, dato un modello matematico che rappresenta il dominio di interesse, permette di svolgere simulazioni sulle variabili X_i, e capire impatto sulla Y.

A titolo indicativo alcune domande a cui la tecnica what if potrebbe rispondere:

- un aumento di costo della materia prima (rame), a parità di volumi e prezzi, di quanto riduce margine?

- una riduzione della % di difettosità di un certo reparto, di quanto fa aumentare la *customer satisfaction*?
- se le vendite all'estero aumentano del 5% in termini di volumi, quale l'impatto sul fabbisogno di liquidità?

Si tratta di avere chiaro il modello dati, e di avere un software o modulo di BI che permetta, anche su grandi qantità di dati, di effettuare un ricalcolo delle variabili in gioco.

In questo tipo di analisi i dati memorizzati nel Data Warehouse aiutano l'utente a definire il modello verificandone la validità e possono essere usati inoltre per calcolare tendenze future.

8. Rassegna sul mercato

Il mercato di prodotti di BI è vasto ed è difficile identificare in modo preciso le caratteristiche delle offerte, le differenze tecnologiche e funzionali.

In questo paragrafo sono stati analizzati i principali strumenti di Business Intelligence, ma bisogna specificare che mentre alcuni software di BI integrano tutte le funzionalità descritte, altri sono specializzati in una di esse.

È possibile distinguere i prodotti genericamente chiamati di BI o DSS nelle seguenti categorie:

- Query & *Report Generator* (interrogazioni database e creazione report)
- OLAP (esplorazione dinamica di database)
- EIS (applicazioni per la visualizzazione guidata dei dati)
- Data Mining (analisi statistica avanzata, con tecniche multivariate e predittive)

Le soluzioni che si trovano nel mercato possono soddisfare una specifica funzione oppure tutte.

Le proposte presenti nel mercato si distinguono tra:

- *software all in one*, in cui si ha un unico software che integra una o più funzioni evidenziate, come per esempio l'unione di query ad OLAP (preferibile in termini di semplicità, chiarezza verso il cliente, politica di prezzi e licenze)
- *suite* di prodotti (del medesimo fornitore) specializzati in una specifica attività con i vari software integrati per quanto riguarda l'interfaccia e i flussi di import/export dei dati.

Bisogna sottolineare che un DSS è un software "vergine" che va istruito riguardo a dati, modalità di import, strutture (relazionali, gerarchiche, multidimensionali), report e analisi. Alcuni fornitori propongono i software non solo come ambienti "vuoti" da riempire, ma come vere e proprie soluzioni applicative. Questo è vero solo in parte: si tratta in realtà di modelli logici/strutture dati che poi vanno sempre adattati alle esigenze dei clienti in termini di flussi dati, strutture, livelli di dettaglio, reportistica. I prodotti di BI possono essere offerti nelle architetture monoutente o *client server* o con logica WEB.

È importante fare una distinzione tra prodotti in base all'approccio tecnologico; esistono infatti DSS che rappresentano *front end* dove i dati si trovano in un Data Warehouse esterno, per cui ogni lancio di report va ad eseguire una query on line, e altri con un motore dati (database) interno, di solito di tipo multidimensionale.

Tutte le soluzioni tendono ad utilizzare il WEB come ambiente di pubblicazione, diffusione di analisi e reporting.

Per quanto riguarda i fornitori, il panorama è alquanto vasto e in continua crescita, caratterizzato da competitor di livello mondiale, nazionale e anche locale. I Produttori di software DSS possono senza dubbio essere classificati in base alla loro "provenienza" o al loro business tipico. Tra la vastità di DSS è possibile individuare:

- *Fornitori di Database:* ORACLE, Microsoft (OLAP services e cubi OLAP), Informix, forniscono *tool e utiliy* per estrarre dati fino ad attività di tipo OLAP
- *Fornitori specializzati di DataWarehouse e Database:* Hyperion, SAS, Applix, MicroStrategy;
- *Fornitori di software di analisi dati:* Business Objects, Oracle, SAS, Cognos, Brio, MIT, Knosys
- *Fornitori di software statistici:* SPSS, SAS, StatSoft
- *Fornitori di ERP:* SAP, FORMULA, JD: si tratta di DSS come moduli/estensioni di gestionali, solitamente finalizzati (Controllo di gestione, Analisi vendite).

Risulta importante fornire un'analisi qualitativa del mercato delle piattaforme di Business Intelligence, la relativa direzione e il livello di maturità dei partecipanti, permettendo così di confrontare e posizionare i diversi concorrenti oggetto dell'analisi.

Per fare ciò, nasce il *"Magic Quadrant for Business Intelligence Platforms"*, frutto di un'importante ricerca sviluppata da Gartner Inc., azienda multinazionale leader mondiale nella consulenza strategica, ricerca e analisi nel campo dell'Information Tecnology. L'attività principale di Gartner consiste nel supportare le decisioni di investimento dei suoi clienti attraverso ricerca, consulenza, benchmarking, eventi e notizie. Esso è dunque uno strumento di ricerca che viene aggiornato ogni anno.

Questo strumento fornisce una rappresentazione grafica del mercato di riferimento (soluzioni di BI), in un determinato periodo di tempo e permette di valutare vari produttori software sulla base di specifici criteri. Dal punto di vista tecnico il *Magic Quadrant* è uno strumento molto facile da capire che permette di avere un'idea chiara e immediata sul posizionamento che occupano le diverse soluzioni presenti sul mercato. La ricerca non sostiene nessuna azienda, prodotto o servizio presentato nel *Magic Quadrant* e consiglia di non limitare la scelta alle sole aziende presenti nel segmento "Leader".

L'analisi si basa essenzialmente sulla valutazione di due criteri fondamentali:

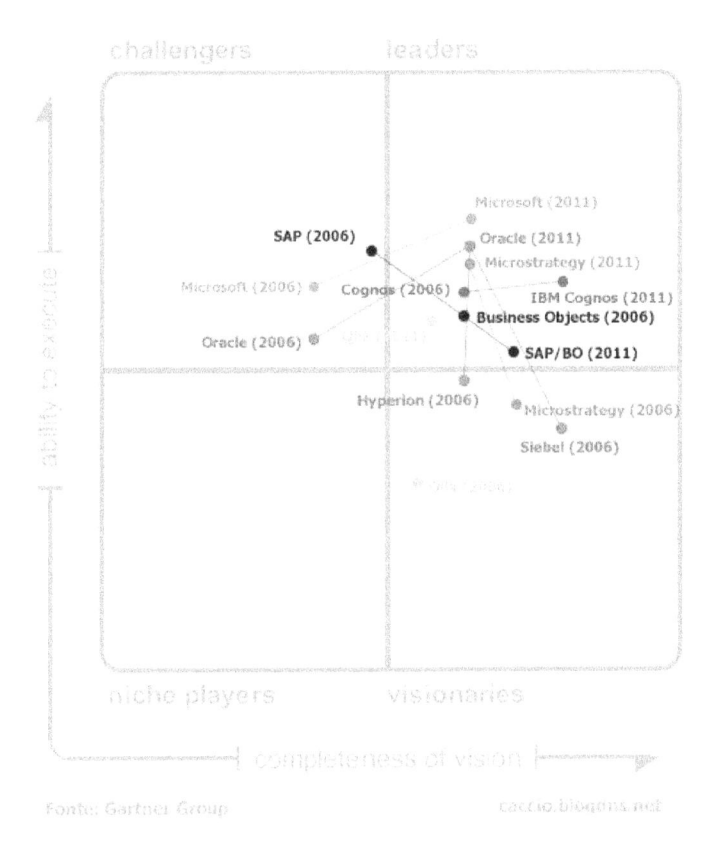

- *Completeness of vision* (completezza di visione)
- *Ability to execute* (capacità di esecuzione).

Completezza di visione: riflette la volontà e la capacità di innovazione del venditore, l'andamento del suo trend, quello del mercato e la *vision* del fornitore in relazione a come potrebbe svilupparsi il suo settore.

All'interno del criterio *Completezza di Visione* si considerano i seguenti aspetti:

- *Comprensione del mercato:* capacità del venditore di capire le esigenze dei clienti e di tradurle in prodotti e servizi
- *Strategia di marketing:* insieme differenziato di messaggi promozionali, chiari e coerenti con tutta l'organizzazione
- *Strategia di vendita:* strategia per vendere i propri prodotti/servizi, basata su un'appropriata rete di vendite dirette e indirette, marketing, assistenza e comunicazione.

- *Strategia d'offerta* (prodotto): l'approccio di un fornitore allo sviluppo dei prodotti e alla consegna
- *Modello di Business:* logica e validità della proposta commerciale sottostante un fornitore
- *Strategia verticale/settore:* strategia di un fornitore di risorse dirette e competenze per riuscire a soddisfare le esigenze di vari segmenti di mercato
- *Innovazione:* smistamento delle risorse e delle competenze nel settore innovazione dell'azienda considerata
- *Strategia geografica:* strategia di un fornitore che prevede di soddisfare anche le esigenze delle regioni al di fuori dello spazio "casa" o area nativa, direttamente o attraverso partner, canali e filiali, a seconda della regione di mercato considerata

Capacità di Esecuzione: riflette fattori quali la sostenibilità finanziaria del venditore, la reattività del mercato, lo sviluppo di prodotti, canali di vendita e clienti.

I parametri che la caratterizzano sono:

- *Prodotto / Servizio:* beni e servizi core offerti dal fornitore per competere nel proprio mercato di riferimento; si valutano una serie di sottocriteri tra cui varietà, le funzionalità, la qualità
- *Vitalità nel complesso:* valutazione dello stato di salute finanziaria del venditore
- *Esecuzione di vendita / Prezzi:* la capacità del fornitore in fase di pre-vendita e la struttura che supporta tali competenze. Questo aspetto comprende la gestione affari, i prezzi e la negoziazione, il supporto pre-vendita e l'efficacia complessiva del canale di vendita
- *Risposta del mercato e Track Record:* capacità del venditore di rispondere in maniera flessibile e di raggiungere il successo competitivo facendo fronte, in maniera agile ed efficace, alle dinamiche evolutive del mercato in cui opera
- *Sviluppo del Marketing:* chiarezza, qualità, creatività ed efficacia dei programmi di marketing volti ad influenzare il mercato, a promuovere il proprio marchio e business e a stabilire una relazione positiva con la clientela
- *Customer Experience:* somma di tutte le esperienze (acquisto prodotti/servizi, visite, ecc.) che il cliente ha con il fornitore, per tutta la durata del loro rapporto collaborativo
- *Operations:* capacità del fornitore di raggiungere i suoi obiettivi e i suoi impegni. Si considerano: la struttura organizzativa, le competenze, le esperienze, i programmi utilizzati e tutti quei sistemi che consentono al fornitore di operare in maniera rapida ed efficiente.

I team di analisti lavorano per assegnare un punteggio ad ogni fornitore utilizzando i criteri ponderati sopra indicati. In base a tali risultati vengono valutati i vari fornitori che fanno parte della ricerca e successivamente posizionati all'interno del grafico denominato *Magic Quadrant*.

Il *Magic Quadrant* individua quattro quadranti: *leaders, challenger, visionaries* e *niche players* (operatori di nicchia):

- *Leaders:* rappresentati da tutti quei fornitori che hanno totalizzato un punteggio estremamente alto su entrambi i criteri. Sono caratterizzati da un elevato grado di soddisfazione dei propri clienti e si rivolgono ad un pubblico molto ampio.
- *Challengers:* individuano quei fornitori che raccolgono un elevato punteggio sul lato Capacità di Esecuzione, ma sono carenti nella Completezza di Visione, questo perché non dispongono di un piano ben preciso che consenta di sostenere una proposta forte e di valore per i loro nuovi clienti. Sono aziende solitamente di grandi dimensioni, con buone risorse finanziarie che però non hanno una forte visione del futuro e delle esigenze dei clienti.
- *Visionaries:* caratterizzati da una scarsa Capacità di Esecuzione ma, allo stesso tempo, anche da un'ottima Completezza di Visione. Solitamente questo quadrante rappresenta aziende di piccole dimensioni che però hanno grandi competenze di visione, intese come grande capacità di comprensione del mercato attuale e delle sue prospettive future e grandi abilità in termini di innovazione. Il loro limite principale consiste nella mancanza di risorse tali da poter supportare completamente la loro visione innovativa.
- *Niche players:* fornitori che hanno totalizzato un punteggio molto basso su entrambi i criteri di valutazione. Hanno una limitata capacità di innovazione e di successo rispetto agli altri *players*, ciò può essere dovuto al fatto che queste aziende si concentrano solo su determinate funzionalità o regioni geografiche oppure perché sono dei nuovi entranti sul mercato. Quindi si tratta di fornitori che non hanno ancora stabilito una forte Vision per le loro offerte. Un Niche Player può comunque essere un fornitore adatto alle proprie esigenze aziendali, tuttavia, spingersi troppo in direzione opposta all'andamento del mercato può risultare una scelta molto rischiosa.

Nel *Magic Quadrant* di Gartner Inc. vengono messe a confronto le posizioni occupate dai principali *players* nel 2006 e nel 2011. Dal grafico è possibile notare le notevoli trasformazioni che il mercato delle piattaforme software di Business Intelligence ha subito negli ultimi anni.

I prodotti hanno spesso il nome del produttore, rappresentando in molti casi il core business. In altri casi il prodotto è "molti prodotti" per cui vengono distinti in base allo specifico ruolo. In alcune matrici di classificazione è possibile identificare sia *prodotti all in one* sia *suite di prodotti*. A seguire alcuni tra i più noti prodotti/fornitori messi a confronto: Hyperion, QlikView®, Cognos, Microsoft, SPSS, Statistica, Business Objects, MIT BOARD, SAS.

Un'altra azienda di consulenza Aberdeen®, produce ricerche e indagini analoghe. La sintesi viene rappresentata tramite la matrice BIPM: Business Intelligence & Performance Management.

I risultati sono presentati nella figura che segue.

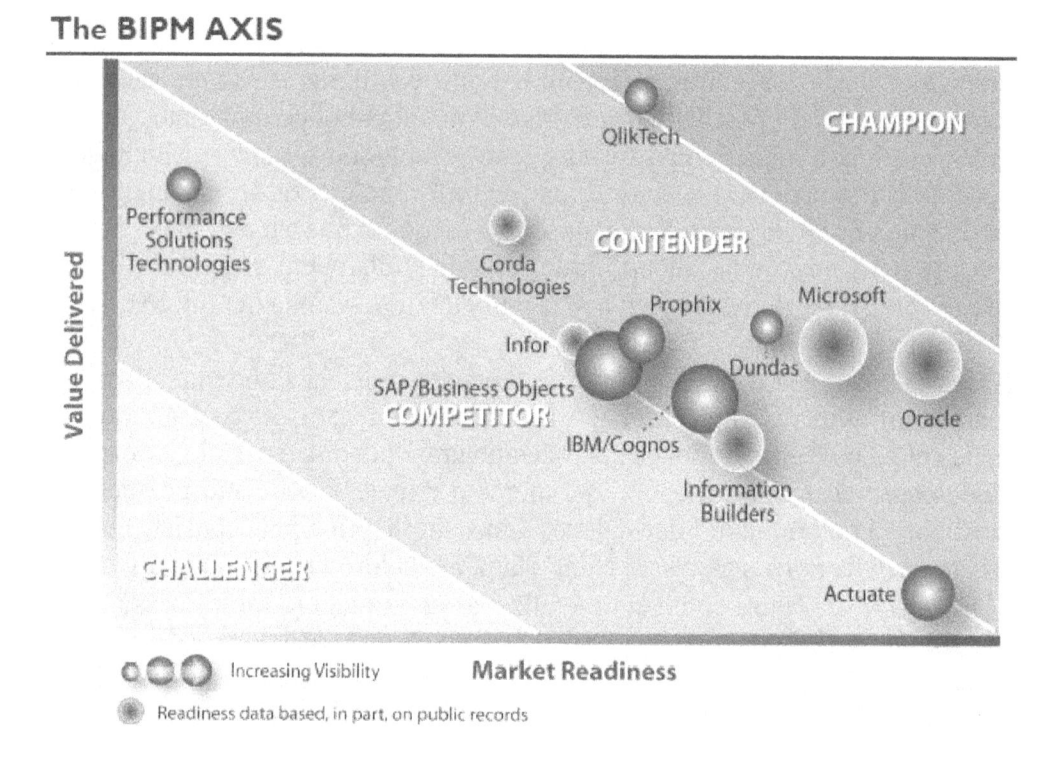

La tabella divide i competitor in 4 segmenti. *Champion* risulta essere QlikView®, della azienda svedese Qliktech®.

Per quanto riguarda il mercato italiano, i prodotti più diffusi sono:

- Business Objects, acquisito e ora proposto da SAP
- Qlikview, senza dubbio il prodotto in più forte crescita
- Cognos e SPSS, acquisiti e ora proposti da IBM
- Le soluzioni di Oracle (tra cui Hyperion e Crystal Ball)
- Tagetik, soluzione *verticale* di BI per il controllo di gestione

La scelta del software di BI richiede un'attenta valutazione di molti parametri tecnici, organizzativi, economici. Si può avere un'idea chiara dei maggiori parametri da prendere in considerazione valutando la seguente tabella di parametri.

Parametro	Note
Costo Acquisto	Per una sua valutazione, conviene partire dalla configurazione dell'utenza: n. di amministratori, n. di superutenti (produttori di report), utenti leggeri (fruitori di informazione) – in base a questa si definiscono quante licenze e di che tipo acquistare
Costo Manutenzione	Si intende il costo di assistenza per personalizzazioni, integrazioni, nuove release – una parte è stimabile a preventivo, un'altra stimabile in base all'efficienza di sviluppo dello strumento
Rapidità di sviluppo (efficienza)	E' una variabile cruciale, che interviene sia nella fase iniziale di progetto, con evidenti impatti economici, che in ogni futura fase di integrazione e personalizzazione
Scalabilità/Flessibilità	Possibilità di costruire configurazioni in iniziali e nel tempo adatte alle esigenze dell'utenza, senza aggravio organizzativo e/o economico
Funzionalità utente	Facilità di utilizzo (visuale, wizard, ecc.) Interventi e modifiche strutturali? Possibilità di costruire nuovi oggetti (report, macro, campi, grafici) Modalità di navigazione (drill, ...) Integrazione con prodotti di Office (excel) ....
Tecnologia	Struttura Prodotto (suite/all in one) (motore dati S/N) Tipo di database Integrazioni con fonti esterne Export vs/WEB e integrazione WEB
Livello Assistenza	Referenze Casa Madre e partner Personalizzazioni Formazione su misura

Capitolo 10 - SOCIAL NETWORKS E BUSINESS

1. L'era del Web 2.0

Fin dalla sua nascita, il *World Wide Web (WWW)* ha rappresentato e rappresenta tutt'ora una rivoluzione.

Spesso si sente parlare di *Era del Web 2.0*, è importante quindi sapere che questa locuzione è stata coniata per la prima volta nel 2004 quando si è sviluppato un nuovo modo di concepire la Rete basato non più su una concezione verticale, di informazioni monodirezionali, bensì sulla multi direzionalità dei contenuti dove ogni individuo ha la possibilità di contribuire ed essere attivamente parte della Rete.

Per questa ragione la Rete prende il nome di "web sociale", proprio perché è inteso non solo come una tecnologia a disposizione degli utenti ma come un movimento culturale incentrato sulla condivisione.

Le espressioni del *Web 2.0* sono principalmente due:

- **Social Media**: contenuti creati dagli utenti, come blog, pagine wiki, foto o video
- **Social Network**: struttura informatica che gestisce le reti basate su relazioni sociali.

I social networks fanno leva sul desiderio innato di esprimere la propria identità, di restare in contatto con altre persone e di sentirsi parte di una grande comunità.

Si possono definire siti di reti sociali (social networks) i servizi web che permettono di:

- Creare un profilo pubblico o semi-pubblico all'interno di un sistema vincolato
- Predisporre una lista di contatti
- Scorrere le liste di contatti

Questi servizi permettono di migliorare le reti sociali in quanto attraverso di essi è possibile gestire e rinsaldare nel web amicizie preesistenti o di estendere la propria rete di contatti.

Tuttavia i social networks non devono essere visti solo come un mezzo di comunicazione atto a mantenere i contatti personali, parlare e trascorrere il tempo libero. Già da tempo infatti hanno cercato di venire incontro alle aziende e ai professionisti per generare e supportare processi di business. Tramite le relazioni personali è possibile manifestare la propria individualità, che non corrisponde necessariamente a quella di una persona fisica ma può riferirsi anche ad un'azienda con i propri valori e la propria immagine.

Si tratta di un'importante scommessa che ha già visto diverse aziende riscuotere un enorme successo proprio grazie al fatto che i social networks permettono di promuovere il brand e di avere a disposizione informazioni altrimenti inaccessibili se non tramite la conoscenza diretta. Ottenere e condividere tutte queste informazioni è possibile grazie ad un ambiente che trasmette fiducia, a tal punto da rendere accettabile il sacrificio di una parte della propria privacy in cambio di un beneficio maggiore al costo.

Gli interessi in comune generano relazioni che, se opportunamente utilizzate, generano business e legami molto forti. È proprio questo il mondo con cui bisogna sapersi relazionare e affacciarsi: oggi è necessario imparare ad utilizzare i social networks in modo da essere efficaci sia nella vita privata sia in quella professionale, nonostante il cambio di mentalità possa non risultare semplice.

2. Social web e marketing conversazionale

Nell'Era del *Web 2.0* le aziende stanno rivalutando radicalmente il rapporto con l'esterno. L'asimmetria informativa e le massicce campagne pubblicitarie, caratteristiche di un modello di comunicazione monodirezionale tipico e legato al passato, stanno subendo recentemente un importante ridimensionamento.

All'interno di una dimensione *social web* i clienti non sono più solo attenti ad ogni novità e avvenimento, ma discutono e si informano sia con le fonti ufficiali, ma soprattutto con lo scambio di opinioni ed esperienze da parte di numerosi utenti.

Se in passato il passaparola aveva bisogno di tempo per diffondersi, ora è in grado di raggiungere qualsiasi persona ad una velocità di propagazione esponenziale. Il principio del passaparola è lo stesso ma cambiano i mezzi e le modalità per diffonderlo.

Il superamento dell'asimmetria informativa da parte degli utenti ha portato le aziende ad essere più trasparenti, dinamiche e collaborative nei confronti del cliente, iniziando a comprendere come l'influenza sociale sia un importante fattore per il loro sviluppo.

I consumatori nutrono aspettative sempre maggiori in relazione a prodotti e servizi che vengono loro offerti, acquisendo un ruolo sempre più attivo nelle scelte intraprese dalle aziende. Essi si aspettano infatti che le aziende tengano in considerazione le loro esigenze, critiche, suggerimenti ed esperienze.

Ignorare le opinioni espresse dalla rete può comportare conseguenze negative all'immagine aziendale e alle vendite che possono diventare incontrollabili se non gestite tempestivamente e in modo corretto.

Si assiste ad un cambiamento di mentalità radicale in cui le conversazioni che si sviluppano nella rete, sempre più numerose, partecipate e condivise, diventano uno strumento sempre più potente e in grado di influenzare l'offerta. Seguire ed intervenire può essere il fattore di successo per le aziende, così come ignorarle può risultare pericoloso. Ciò ha portato ad una nuova forma di marketing del tutto diversa da quella tradizionale, che prende il nome di marketing conversazionale.

Questo termine definisce la branca del marketing che si occupa di monitorare, gestire e incrementare la presenza di un'azienda sui *social media* e sui nuovi strumenti del *real-time web*. Esso viene utilizzato per indicare la gestione della comunicazione integrata su tutte le diverse piattaforme di condivisione che il web mette a disposizione.

Il *Web 2.0* ha acquisito un'importanza tale da aver scardinato meccanismi ritenuti fino a poco tempo fa solidi e certi, introducendo una nuova dimensione del marketing.

Tuttavia sarebbe distorto considerare il *Web 2.0* come qualcosa da temere, al contrario può essere uno strumento utilissimo sia per l'azienda, che può rispondere prontamente ad una clientela esigente ed informata fidelizzandola, sia per l'utente che viene ascoltato e tenuto in considerazione, e quindi gratificato. Questa sinergia, se supportata a dovere, genera interesse e crea in breve tempo un'ottima reputazione che viene trasmessa rapidamente in modo capillare. L'immagine che segue, costruita sulla base di importanti studi, rappresenta la crescente importanza del marketing conversazionale rispetto a quello tradizionale.

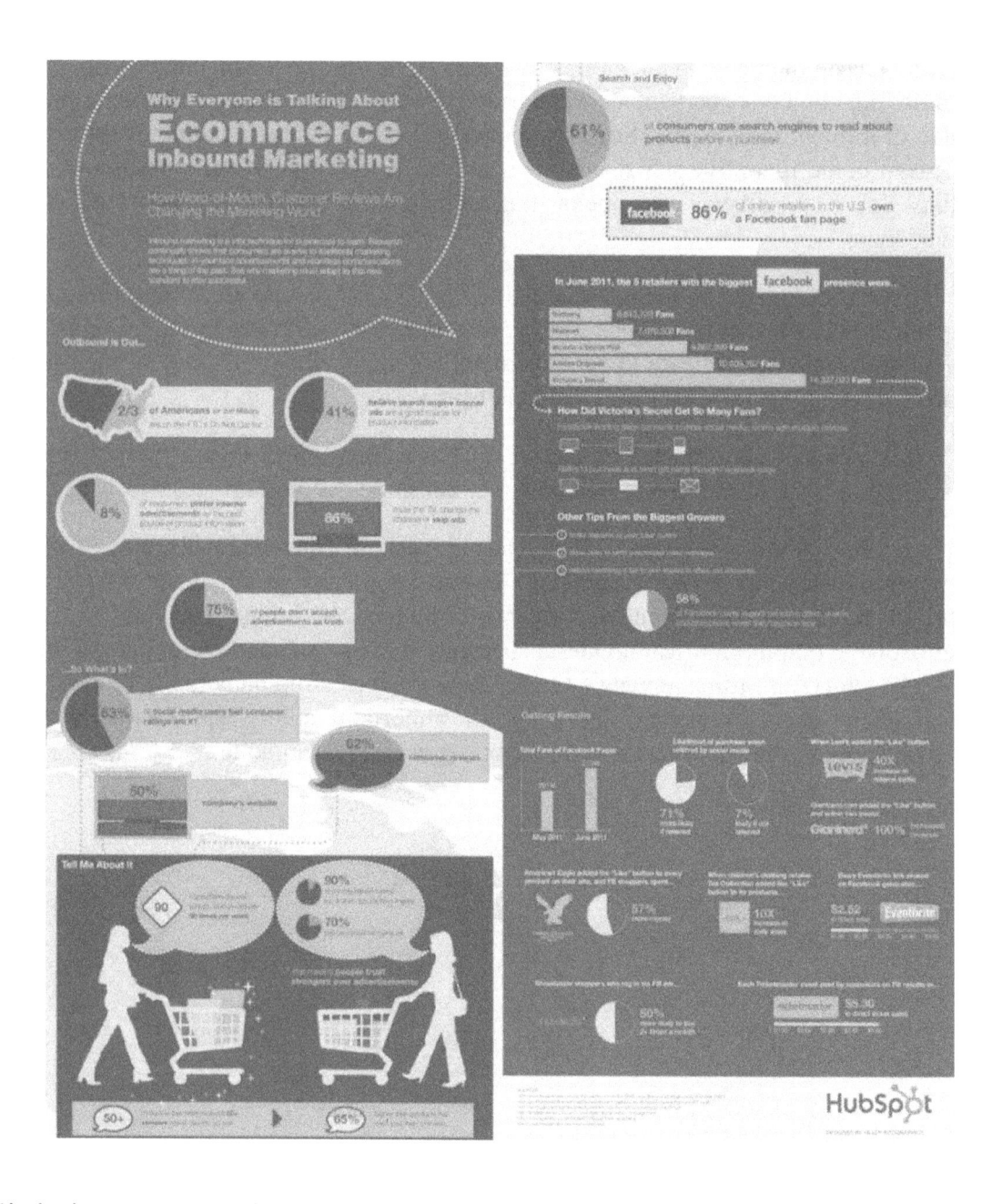

Dall'indagine emerge che il 75% degli individui esprime diffidenza nei confronti dei messaggi pubblicitari, non considerandoli "verità", mentre il 70% di essi si fida delle opinioni e recensioni pubblicate sul web rilasciate da persone sconosciute. Se si considerano i suggerimenti da parte degli amici tale percentuale aumenta fino al 90%.

Il 61% dei consumatori prima di procedere con l'acquisto fa una ricerca su internet per informarsi, e il 63% delle persone mette al primo posto i giudizi e le opinioni espresse dagli utenti sui social media.

È importante poi valutare l'impatto delle opinioni reperibili nel web in quanto i prodotti che hanno ricevuto almeno 50 recensioni positive generano profitti più alti del 65% rispetto a prodotti che hanno ricevuto meno di 5 recensioni.

Lo scambio di informazioni tra gli utenti della Rete e tra possibili consumatori si è sviluppato negli ultimi anni grazie al fenomeno delle *communities.*

Il termine *communities* o comunità virtuali identifica un insieme di persone interessate ad un determinato argomento, che corrispondono tra loro attraverso una rete telematica, prevalentemente Internet e le reti di telefonia, costituendo una rete sociale con caratteristiche peculiari.

Tale aggregazione non è necessariamente vincolata al luogo o paese di provenienza, essendo una comunità online, per cui chiunque può partecipare ovunque si trovi con un semplice accesso alla rete, lasciando messaggi su forum e partecipando a *Usenet* (*Newsgroups* o gruppi di discussione), oppure attraverso *chat room* e programmi di *instant messaging*. Una comunità virtuale può rimanere unicamente tale oppure estendersi nel mondo fisico, permettendo l'incontro dei suoi appartenenti.

Le varie tipologie di comunità virtuali possono essere categorizzate, spaziando tra le varie finalità d'uso e le rispettive tempistiche d'interazione, in base ai principali strumenti che le supportano tra:

- Forum di discussione: strumento di comunicazione in cui le discussioni e le relative risposte da parte degli utenti (in alcuni casi previa registrazione) non si sviluppano in tempo reale
- Newsgroup: gruppo di discussione analogo al precedente ma con molte funzionalità, operante anche in modalità disconnessa *(off-line)*, tramite apposite applicazioni
- Guestbook: libro degli ospiti, permette di apporre commenti sulla bacheca dei vari utenti
- Mailing list: vi si accede in genere tramite un programma di posta elettronica o via web (tramite *browser*), permette di ricevere comunicazioni periodiche che possono essere spedite ad un gruppo di indirizzi
- Chat: servizio che permette il dialogo in tempo reale tra utenti all'interno delle *chatrooms*, via web o tramite specifici applicativi
- Messaggistica istantanea: servizio analogo alla chat ma operante principalmente in modalità individuale
- Wiki: spazio di contenuti che la comunità presente sul web integra ed approfondisce, un esempio significativo di comunità virtuale sono gli utenti iscritti a Wikipedia

- Newsletter: strumento unidirezionale (*one-to-many*) che consente di ricevere comunicazioni postali periodiche
- Blog: strumento che consente di creare uno spazio pubblico sul web in cui il proprietario (blogger) inserisce dei messaggi, si tratta di un diario personale che può essere letto e commentato da esterni
- Free RSS (*Really Simple Syndication*) permette agli utenti di restare sempre aggiornati sui siti di interesse, in genere blog o siti di informazione, fornendo i titoli o le informazioni principali all'interno di finestre dedicate

La modalità di interazione tra i membri, in ogni comunità, virtuale o meno, può avvenire in modalità sincrona o asincrona.

Le comunità virtuali si appoggiano a svariate modalità di ambienti comunicativi. La struttura online di una comunità virtuale permette di soddisfare le necessità di comunicazione dei propri membri, sia nella forma individuale (*one-to-one*) che collettiva (*many-to-many* e *one-to-many*), a seconda delle esigenze.

La tabella seguente rappresenta i vari strumenti illustrati in precedenza in funzione dei tempi d'interazione e della flessibilità d'impiego.

	Asincrona	Sincrona
Alta	Forum e Conferencing Web Log Wiki Feed-back	Instant Messenger Web Chat
Bassa	NewsLetter NewsGroup Mailing List Guestbook	IRC

Flessibilità — Tempi Interazione

Il fenomeno delle *communities* pone le sue radici sullo scambio di opinioni e conoscenze; scegliere di acquistare un prodotto o un servizio rispetto ad un altro è un processo costituito da un insieme di fattori tra i quali l'opinione di amici e conoscenti.

Spesso un parere ritenuto attendibile, di una o più persone, può risultare addirittura determinante nelle decisioni da prendere in quanto arrivare ad una scelta attraverso persone di fiducia è meno rischioso e più rassicurante. Tutto questo è ciò che viene definito fiducia transitiva.

Si pensi a quante volte scegliamo un Hotel o Ristorante in base alle recensioni che leggiamo su Booking o Venere o TripAdvisor. E quanto più la piattaforma permette di scegliere i nostri simili (utenti *clusterizzati* in coppie giovani, famiglie, single, …) tanto più ci fidiamo dei pareri e degli *score* medi espressi.

Ovviamente la fiducia transitiva esiste da molto tempo prima che i social networks nascessero, così come i meccanismi che stanno alla base di questi ultimi derivano da studi sociologici svolti ben prima dell'avvento di Internet.

La differenza è che in passato, per poter trovare un consiglio pertinente al proprio problema, sarebbe stato necessario interpellare diverse persone con dispendio di tempo ed energie; oggi invece il *Web* permette di trovare una risposta mediante gli strumenti da esso offerti: social networks e *communities*.

3. Social networks e modelli di business

I social networks su piattaforme digitali non sono mercati, né gerarchie, ma possono essere visti più come **ecosistemi**: i modelli di business che vi fanno riferimento non possono limitarsi alle tradizionali logiche di scambio economico di beni e servizi tra domanda e offerta, ma richiedono articolazioni più complesse, che spesso vanno oltre il comportamento basato su principi di razionalità economica e di massimizzazione dell'utilità individuale.

Un modello di business che tenga conto delle profonde innovazioni portate dal *Web 2.0* deve essere più evoluzionistico che ingegneristico: un processo di apprendimento contestualizzato, non una formula universale da applicare.

Secondo i canoni comunemente accettati, un modello di business descrive il modo in cui un'organizzazione aziendale, fondata sul principio della gerarchia, interagisce con gli altri attori in un mercato concorrenziale, basato sul meccanismo regolatore del prezzo, per riuscire a produrre valore economico.

I social networks su piattaforme digitali, tuttavia, non sono facilmente riconducibili né alla categoria delle organizzazioni né alla struttura di un mercato:

- Un social network non è assimilabile a un'impresa in quanto non si fonda su principi gerarchici e può non esserci un allineamento tra comportamenti individuali e obiettivi aziendali
- Un social network non è assimilabile ad un mercato in quanto non è netta la distinzione di ruoli tra domanda e offerta e spesso manca il meccanismo regolatore del prezzo.

Dal punto di vista della strategia di business i social networks sono più assimilabili a modelli di ecosistemi caratterizzati da logiche evolutive, regolate da meccanismi di feedback e risposta, e descrivibili da processi dove non esiste uno stato di "equilibrio naturale", invece che come sistemi deterministici di comportamenti razionali ispirati alla massimizzazione dell'utilità dei singoli attori che vi partecipano.

La compresenza di motivazioni individualistiche ed altruistiche (come ad esempio leadership attiva, identificazione e fruizione passiva) rende spesso inefficaci le proposizioni di valore suggerite dal marketing convenzionale.

Costruendo modelli di business basati sulla rassicurante concezione di un mercato con ruoli chiaramente suddivisi tra fornitori e clienti, competitor e autorità di regolamentazione, possibili nuovi entranti e proponenti di soluzioni alternative, si rischia di essere confusi dalla sovrapposizione di ruoli caratteristica dei social networks.

Per definire un modello di business profittevole e sostenibile è necessario identificare con chiarezza la natura delle varie attività di creazione del valore e i ruoli svolti dai diversi attori, come il ruolo di cliente o quello di fornitore.

Ciò non è affatto semplice nel caso dei social networks su piattaforme digitali in quanto sarebbe riduttivo modellare i membri di un social network al solo ruolo di "clienti" poiché le caratteristiche del loro comportamento vanno ben al di là delle mere funzioni di acquisto e consumo.

I membri di un social network sono attori a pieno titolo di diverse attività entro un sistema di processi di creazione, appropriazione e talvolta anche distruzione di valore economico. In una "rete del valore" i nodi non sono costituiti da attori ma da attività, collegate tra loro appunto da processi. Ciascun attore può svolgere diverse attività e impersonare differenti ruoli.

I social networks possono interpretare molteplici ruoli nel sistema del valore, svolgere diverse attività, e sono in grado di creare e distruggere valore, catturarlo o condividerlo. Un social network non è necessariamente un insieme di clienti a cui vendere qualcosa, ma può svolgere il ruolo di fornitore di servizi a costi ridotti, di co-produttore o diventare il principale competitor o sostituto, oppure assumere anche un ruolo istituzionale.

È proprio per questo motivo che i social networks non sono tanto dei mercati frequentati da clienti, quanto piuttosto ecosistemi popolati di *stakeholders*, ovvero detentori di interessi di varia natura, con prerogative di potere e influenza, che sono regolati da un complesso e dinamico equilibrio di contributi e ricompense.

A seconda del ruolo che svolge, uno *stakeholder* può essere direttamente o indirettamente coinvolto in processi economici ma dal punto di vista della strategia di business va sempre ingaggiato e coinvolto avendo come guida il sistema di ricompense da riconoscere a fronte dei contributi attesi.

Ciò è particolarmente vero nel caso dei social networks su piattaforme digitali dove non sempre i processi hanno come conseguenza una transazione monetaria diretta tra cliente e fornitore, ma spesso coinvolgono diversi *stakeholders* in differenti ruoli. Se per il ruolo dello *stakeholder-utilizzatore* di MySpace la ricompensa è la fruizione gratuita e personalizzata di un servizio di condivisione dei propri contenuti, il contributo è la cessione all'azienda di alcuni diritti di sfruttamento dei contenuti stessi.

Se un social network non è assimilabile ad un insieme di clienti, nemmeno il relativo modello di business è riducibile al semplice modello dei ricavi, bensì abbraccia tutte le dimensioni economiche di un'azienda: quella reddituale legata al conto economico, quella dello stato patrimoniale e quella dei flussi finanziari.

Skype per esempio ha privilegiato gli aspetti patrimoniali e finanziari su quelli reddituali, offrendo il proprio software in forma gratuita per massimizzarne l'adozione creando, allo stesso tempo, asset patrimoniali costituiti da un'ampia base di utenti legati da *lock-in* e dalla proprietà intellettuale di un brand e di una tecnologia software.

L'appropriazione del valore per i fondatori invece di basarsi sulla redditività derivante da ricavi attesi a lungo termine, è stata accelerata dalla cessione dell'intera azienda a *eBay* con una elevata plusvalenza.

Per avere un modello di business profittevole e sostenibile non è sufficiente articolare il sistema di contributi e ricompense verso gli *stakeholders*: è necessario anche gestire strategicamente i processi di creazione (o distruzione) e di cattura e appropriazione (o condivisione) di valore economico.

In entrambi i casi sono da prevedere attività sia di tipo collaborativo, per la creazione e la condivisione di valore, sia di tipo competitivo, per la distruzione mirata di valore in mercati dei concorrenti o semplicemente per la cattura e l'appropriazione di valore a scapito di clienti, fornitori e competitor.

Creazione e appropriazione di valore possono essere articolate rispetto sia ai fattori di input sia ai fattori di output di un'impresa.

Per i fattori di input i social networks digitali possono ridurre il costo-opportunità, creando valore, tramite l'interoperabilità delle tecnologie utilizzate (il client Skype che funziona sia su PC sia su cellulare) o le economie di scopo (i diversi servizi di Amazon o di eBay che condividono uno stesso sistema di profilazione, rating e pagamento, come PayPal).

In alternativa, possono attivare meccanismi di isolamento dall'imitazione e quindi di appropriazione del valore, per esempio garantendo un accesso esclusivo a risorse specifiche come nei social networks ad iscrizione contingentata (ASmallWorld), referenziata (LinkedIn) o di deterrenza verso possibili concorrenti e ambiguità causale delle diverse fonti di vantaggio competitivo, come nell'acquisizione di YouTube da parte di Google.

In termini economici risulta efficace per un'azienda utilizzare i social networks per i seguenti motivi: "scaricare" buona parte della struttura di costi associati al lavoro intellettuale su chi fa uso uso dei social networks, meglio ancora se *stakeholders* con il duplice ruolo di clienti e fornitori, in cambio di benefici derivanti dall'appartenenza al networks stesso.

I social networks su piattaforme digitali consentono efficienti forme di mobilitazione di risorse intellettuali a basso costo, un esempio possono essere le esperienze di sviluppo di soluzioni *open source* come Linux o Apache supportate da IBM. Utilizzando i social networks digitali le imprese non risparmiano solo in salari e stipendi, ma anche sui costi per la ricerca del personale, negoziazione dei contratti di lavoro e controllo dei risultati.

Uno dei meccanismi più noti ed utilizzati è quello dell'autoselezione dei membri, come per Wikipedia o Linux: essa è il risultato della riduzione delle asimmetrie informative sull'allocazione di risorse scarse come quelle di tipo intellettuale, con forme di controllo diffuso a base statistica sufficientemente ampia.

Uno degli esempi di autoselezione e riduzione dei costi di transazione utilizzabili ai fini di un modello di business è quello dei costi di rating e classificazione; numerosi sono gli esempi: le raccomandazioni di Amazon e i links di Del.icio.us, i giudizi dei compratori su eBay e i portali di prenotazione turistica come eDreams o Expedia.

Per quanto riguarda invece i fattori di output, un'impresa può usare i social networks per aumentare la domanda potenziale diretta (*marketing virale* o referenza spontanea, come nel caso di MySpace) o indiretta (tramite prodotti complementari, come i servizi offerti da SecondLife). Può inoltre farli diventare uno standard de facto aperto (condivisione) come Wikipedia o proprietario (appropriazione del valore) come Skype.

Alcuni modelli di business efficaci, anche se meno evidenti, sono basati su fenomeni di "*value shifting*" ovvero di spostamento/trasferimento del valore dal processo primario a processi complementari.

Il modello più semplice è quello dell'*advertising*, dove il processo primario di fruizione dei contenuti è spesso gratuito e l'estrazione del valore avviene sul processo complementare di sfruttamento dell'attenzione umana tramite la vendita di strumenti di *advertising*.

Sia che un social network digitale si utilizzi per ottimizzare i fattori di input, sia che lo si veda come sbocco per i fattori di output, per progettare un modello di business sostenibile è necessario stimare il valore potenziale associato ai suoi membri. Un possibile approccio è quindi quello di costruire un indicatore per misurare l'intensità e il valore economico dell'appartenenza di un membro ad un social network.

L'appartenenza degli individui ai social networks, oltre ad essere molteplice, non è infatti molto semplice. La funzione di appartenenza, che ci dice quanto intensamente un membro possa essere considerato parte di un social network digitale, è riconducibile ad una serie di indicatori.

Gli indicatori sono normalmente misurati dai log di connessione internet, quali: frequenza, durata e profondità delle visite, tipologia, valore e livello di partecipazione attiva delle transazioni effettuate, luogo e momento della giornata o della settimana nel quale viene effettuata la connessione, caratteristiche degli indirizzi di provenienza e di destinazione della visita.

Più intensa risulterà essere la funzione di appartenenza dei membri di un social network, più alta sarà la probabilità di estrarre valore tramite un adeguato modello di business.

A funzioni di appartenenza meno intense e maggiormente caratterizzate da comportamenti opportunistici (frequenza occasionale, fruizione breve e passiva) corrispondono solitamente modelli di ricavi basati sulla pubblicità.

Per premiare i membri con intensità di appartenenza più elevata invece sono stati sperimentati i cosiddetti modelli di *"shared advertising"*, retrocessioni di ricavi pubblicitari ai contributori di contenuti che generano maggiore traffico o che vengono acquistati da altri utilizzatori.

In conclusione, dal punto di vista delle aziende i social networks digitali rappresentano senza dubbio una potenziale minaccia, in quanto sottendono forme strutturali di trasferimento di potere contrattuale e riduzione di asimmetria informativa a favore dei consumatori, ma possono essere, se conosciuti e utilizzati in modo appropriato, un'importante fonte di efficienza e riduzione di costi.

4. Il social web per le aziende

Se l'introduzione di nuove tecnologie *Web 2.0* può costituire un rischio per l'azienda, è altrettanto vero che non adottarle diventa sempre più rischioso e difficile. È quindi necessario garantire la propria presenza sul web sociale al fine di non perdere la propria competitività.

Naturalmente tutto questo non è né rapido né indolore: si tratta di un profondo cambiamento di mentalità che viene imposto non solo in termini di presenza, ma anche di filosofia aziendale.

Se l'azienda vuole essere presente sui social networks deve avere prima di tutto una chiara strategia: scopi, obiettivi, risorse, tempi e fasi ben definite.

L'azienda deve credere e saper scommettere sulle enormi potenzialità offerte dal *Web 2.0*. È quindi necessario incorporare correttamente fin da subito nella struttura aziendale un team dedicato a queste finalità, non come una semplice e sbrigativa aggiunta ma riconsiderando l'importanza strategica dell'area *Ricerca e Sviluppo* insieme all'area *Marketing*.

Le aziende possono utilizzare tre diversi approcci nei confronti di social media:

- *distributed* (distribuito): ogni *business unit* aziendale o team di lavoro può creare un proprio intervento rispetto allo specifico social media senza che vi sia alcun tipo di centralizzazione
- *centralized* (centralizzato): un solo team, o nel caso più estremo una sola persona, presidia i social media
- *cross-functional team* (trasversale): viene organizzato un team interfunzionale, composto da rappresentanti dei diversi settori, che fa da snodo tra il management e i diversi attori coinvolti e si occupa della strategia relativa ai social media.

L'approccio più appropriato di solito è quello trasversale, nel quale il team predisposto raggruppa le risorse specializzate per supportare le diverse *business unit*. Infatti si è capito che un approccio centralizzato non è più sostenibile, in quanto per un singolo team o addirittura una singola risorsa non è possibile gestire tutte le sfaccettature funzionali dei social media. Risulta quindi necessaria una forma di coordinamento centrale che invece manca nell'approccio distribuito.

L'obiettivo del *cross-functional team* è quello di dare vita ad un gruppo variegato di persone con diverse competenze ed esperienze in modo da rappresentare efficacemente l'azienda o il marchio sul web sociale. Il team ha libertà di espressione pur mantenendosi correttamente e costantemente allineato con le iniziative aziendali, nel rispetto di regole definite a priori.

Sono i membri del team, e non il marchio, a trasmettere la passione e a catturare l'attenzione degli utenti, in armonia col principio che i social media sono fatti di *persone*.

L'organizzazione trasversale trova possibilità di applicazione solo in aziende di grandi dimensioni che possono permettersi di dedicare delle risorse esclusivamente al social web, per le piccole e medie imprese ciò comporterebbe un impegno insostenibile. A tal proposito una soluzione potrebbe essere affidare a una o due persone già impiegate in azienda (ad esempio, nella funzione commerciale) la gestione della presenza nel social web, sottraendo al lavoro quotidiano un tempo parziale e controllato in modo da non compromettere la parte *core* del lavoro. Non è necessario inserire ogni giorno qualcosa di nuovo in quanto l'importante è rinnovare il proprio spazio sul web sociale con costanza e rispondere sempre alle domande degli utenti, quando vengono poste.

Dopo aver visto i possibili approcci ai sistemi di social web, è essenziale considerare quali sono concretamente le opportunità e le potenzialità dei social networks a servizio delle aziende:

- **Marketing e pubblicità**: una piattaforma come un social network costituisce il luogo perfetto per poter promuovere servizi o prodotti in maniera non invasiva ad un pubblico ampio. I social networks hanno indotto profondi cambiamenti nei metodi con cui il marketing agisce. Se prima si ragionava sempre in base a costose ricerche di mercato, ora grazie alle informazioni messe spontaneamente a disposizione degli utenti è possibile rivolgersi ai possibili clienti in maniera mirata e molto più efficace. Per di più queste informazioni sono attendibili, abbondanti e soprattutto fornite a costo zero o quasi

- **Promozione e ascolto**: le pagine e i gruppi che si possono creare nei social networks sono il luogo perfetto per promuovere o consolidare un marchio, un prodotto o un servizio, facendo leva sulla passione nei suoi confronti e che accomuna tutte le persone che hanno espresso il loro gradimento creando una comunità a tutti gli effetti. Qui è possibile mettere in moto conversazioni che coinvolgono utenti e azienda in pieno accordo con il concetto precedentemente trattato di marketing conversazionale. L'abilità sta infatti nel saper percepire lo stato d'animo della community in modo da poter rispondere alle aspettative esplicite o ancora implicite. In un contesto molto competitivo avere informazioni su cosa potrebbe gradire la propria clientela – o su come si potrebbe ingrandire quest'ultima – costituisce un fattore prezioso che potrebbe essere una chiave di successo per il business.
  Si crea una sinergia tra l'azienda e la clientela in quanto da una parte nasce la possibilità che il proprio prodotto goda di un maggior successo, e conseguentemente che sia profittevole; dall'altra gli utenti si sentono partecipi delle scelte aziendali hanno la possibilità di dare il proprio contributo e di esercitare un'influenza.

- **Assistenza**: i social networks possono essere utilizzati per svolgere il servizio di assistenza ai clienti. Tradizionalmente questa attività è svolta attraverso i call center, con una serie di problematiche che vanno dai tempi di attesa consistenti al costo elevato del servizio. I social networks invece offrono la possibilità di fornire risposte alle domande sfruttando dei vantaggi notevoli quali tempi rapidi e rintracciabilità della risposta. Nasce inoltre la possibilità che siano gli utenti stessi (più esperti) a rispondere alle domande, creando di fatto una *community* e minimizzando i costi e le risorse che l'azienda deve impiegare per questo servizio.

- **Assunzioni**: un utilizzo interessante dei social networks (in particolare LinkedIn) riguarda la selezione dei candidati ai fini dell'assunzione in azienda. Il profilo degli utenti infatti rappresenta il *curriculum vitae* e le risorse umane possono attingere alle informazioni presenti nei social networks per effettuare una selezione basata anche sulle caratteristiche personali.

- **Networking**: i social networks consentono di massimizzare la rete di contatti e di mantenerla "attiva". Le relazioni, insieme al capitale umano, sono le fonti principali da cui le organizzazioni possono attingere per trarre vantaggi. Grazie alla spontanea condivisione di informazioni sui social networks, si può capire il vero valore di un legame e decidere se è conveneiente mantenerlo vivo seppur latente, o se è il caso che venga approfondito o rafforzato. La creazione di reti di conoscenze su cui sviluppare il proprio business è un'esigenza storica, ma con l'avvento dei social networks questo è reso più semplice e rapido.

Capitolo 11 - SISTEMI INFORMATIVI PER IL CRM

1. Principali caratteristiche del CRM

Il recente orientamento al cliente è conseguente ad una tendenziale crescita della competitività dei mercati e ad una clientela matura e maggiormente preparata. Il costo dell'informazione è estremamente più basso che in passato: ogni cliente ha quindi a propria disposizione una vasta scelta di marchi per soddisfare un medesimo bisogno e buone possibilità di valutare il relativo rapporto qualità/prezzo.

In un mercato competitivo le azioni di conquista richiedono elevati volumi di investimento, cosicché la scelta di non perdere i propri clienti acquisiti diventa fondamentale.

La fidelizzazione della clientela però non è ottenibile senza conoscere le esigenze peculiari di ogni singolo cliente, che sono peraltro in continua evoluzione, quindi non è consigliabile concentrare l'attenzione solo su una fotografia del cliente in un dato momento ma sul suo intero ciclo di vita.

Le relazioni di lungo periodo tra un'azienda ed un cliente sono rilevate, create e gestite mediante strategie dette di *Customer Relationship Management* (CRM).

Il *Customer Relashionship Management* è quindi prima di tutto una strategia di business, volta a selezionare e a gestire le relazioni con i clienti di maggior valore per l'azienda, attuando a tal fine un approccio di tipo integrato che coinvolga persone, reparti, procedure e tecnologie attraverso una cultura aziendale "cliente-centrica".

Tale approccio permette di supportare i processi di raccolta dati, le azioni di marketing, le vendite e le forniture per mezzo di applicazioni in grado di veicolare efficaci relazioni con la clientela, stabilendo una comunicazione a due vie anziché solo da azienda a cliente, così da fidelizzarlo e accrescerne la profittabilità.

Il concetto di Customer Relationship Management è quindi legato al concetto di fidelizzazione dei clienti.

In un'impresa "*Market-oriented*" il mercato non è più rappresentato solo dal cliente ma dall'ambiente circostante, con il quale l'impresa deve stabilire relazioni durevoli di breve e lungo periodo, tenendo conto dei valori dell'individuo/cliente, della società e dell'ambiente.

L'attenzione verso il cliente è cruciale e determinante, per questo motivo il marketing deve pianificare ed implementare apposite strategie per gestire una risorsa così importante.

Attraverso un sistema CRM è possibile:

- Acquisire nuovi clienti
- Aumentare le relazioni con i clienti più importanti ("clienti coltivabili")
- Fidelizzare i clienti che interagiscono maggiormente con l'azienda ("clienti primo piano") nel lungo periodo
- Trasformare gli attuali clienti in procuratori, ossia consumatori che valorizzano il rapporto con l'azienda stimolando altri soggetti a rivolgersi alla stessa per i loro acquisti.

Di consegueguenza il CRM interessa tutti i processi aziendali che coinvolgono il cliente, direttamente e indirettamente:

- Telefonate / contatti
- Visite e incontri *pre-sale*
- Offering (preventivazione)
- Vendite
- Incassi
- Interventi post vendita (assistenza)
- Reclami / Contenzioso
- Promozioni / politiche di marketing.

Esistono tre principali tipologie di CRM:

- CRM operativo: soluzioni metodologiche e tecnologiche per automatizzare i processi di business che prevedono il contatto diretto con il cliente
- CRM analitico: procedure e strumenti per migliorare la conoscenza del cliente attraverso l'estrazione di dati dal CRM operativo, la loro analisi e lo studio sui comportamenti dei clienti stessi
- CRM collaborativo: metodologie e tecnologie integrate con gli strumenti di comunicazione (telefono, fax, e-mail, ecc.) per gestire il contatto con il cliente.

L'errore più comune in cui ci si imbatte quando si parla di CRM è di pensare che si tratti solo di un software. Di sicuro, il CRM si avvale e ha avuto un forte sviluppo negli ultimi anni grazie a strumenti informatici e automatizzati per supportare il management.

Il CRM è un concetto strettamente legato alla strategia, alla comunicazione, all'integrazione tra i processi aziendali, alle persone e alla cultura, che pone il cliente al centro dell'attenzione sia nel caso del *business-to-business* sia in quello del *business-to-consumer*.

Il CRM è adatto sia a quelle aziende che cercano un *Return on Investments* (ROI) veloce sia a quelle che curano il processo di fidelizzazione e l'aumento del *Lifetime value* (LTV) dei clienti, che richiede del tempo.

Le aziende utilizzano un sistema di CRM perché permette di ottenere dei vantaggi importanti:

- Fornisce uno strumento e un metodo per migliorare l'esperienza di ogni cliente in modo da fidelizzarlo nel lungo termine
- Fornisce strumenti di carattere sia tecnologico che funzionale per individuare e attrarre clienti
- Fornisce una visione omogenea del cliente in tutta l'azienda.

Le componenti strutturali di un sistema di CRM sono:

- Analisi e gestione della relazione con i clienti: contatto con i clienti e analisi dei bisogni attraverso molteplicità di strumenti come mailing, lettere, telefonate, SMS. Il contatto è fondamentale se si vuole mappare ogni singolo cliente per poi organizzare tutte le informazioni raccolte in un database strutturato. Queste informazioni sono preziose in quanto permettono di conoscere e, se possibile, anticipare le esigenze del cliente
- Lo sviluppo di contenuti e servizi personalizzati: i dati raccolti vengono gestiti per elaborazioni statistiche utili a segmentare i clienti in specifiche categorie. Una volta organizzati, è possibile procedere con l'analisi dei dati per sviluppare una comunicazione e un'offerta commerciale e personalizzata
- L'infrastruttura informatica: attivazione di strumenti informatici che aiutano in questo processo di gestione del cliente.

Esistono differenti strumenti e diversi livelli di integrazione per quanto riguarda i sistemi di CRM. Un ottimo sistema CRM comprende una serie di infrastrutture sia a livello di *front office* (nella relazione con l'esterno vera e propria), sia a livello di *back office*, per analizzare e misurare dati e i risultati raggiunti. Tuttavia non bisogna dimenticare che gli investimenti tecnologici non sono sufficienti, sono infatti necessarie anche azioni sulle risorse umane: la gestione delle informazioni viene automatizzata ma la componente umana resta un elemento determinante.

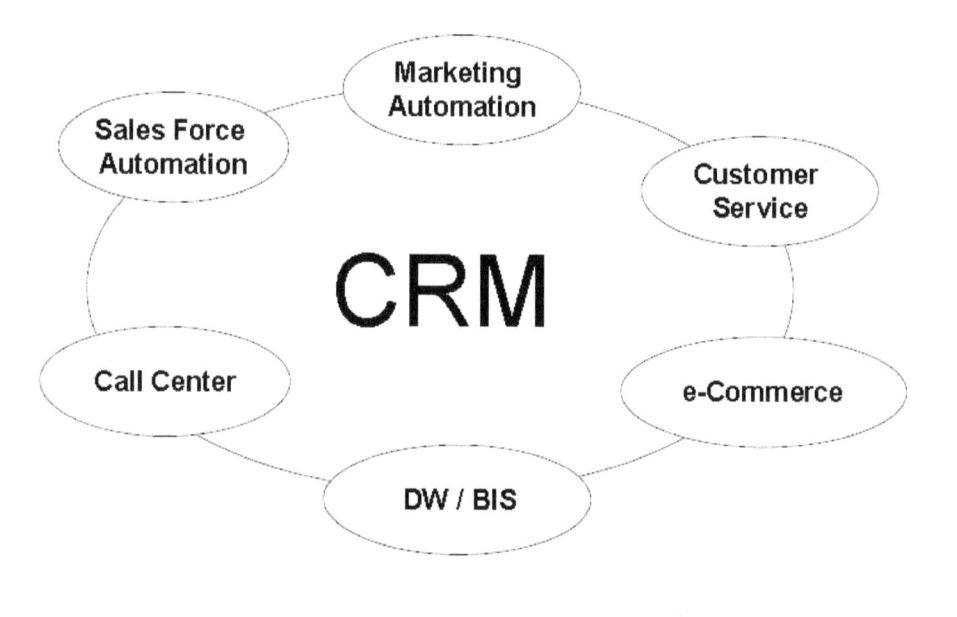

L'immagine fornisce una rappresentazione di tutti quelli che sono i componenti informatici che strutturano un sistema di CRM.

La crescita e il successo di un'attività dipendono dalla capacità di attrarre nuovi clienti e di essere capaci di mantenerli. Si tratta di una sfida impegnativa, dato che le aziende devono oggi far fronte a richieste dei clienti sempre più dinamiche e in continua evoluzione, che si sommano alle difficoltà legate all'implementazione e all'applicazione dei processi per supportare con efficacia le interazioni con clienti, potenziali clienti e partner.

Esistono decine di prodotti tecnologici di CRM che aiutano le aziende a gestire queste relazioni critiche. In questo paragrafo saranno analizzati i fattori essenziali di successo di un sistema CRM che permettono di ottenere i risultati ottimali.

Secondo uno studio di *SalesForce*, azienda leader del nel CRM e nel *cloud computing*, si possono identificare otto elementi di successo dei sistemi di CRM:

1. Generazione di valore in tempi rapidi
2. Personalizzazione a portata di click
3. Visione a 360 gradi dei clienti
4. Visibilità in tempo reale
5. Pulizia dei dati
6. Elevati gradi di adozione
7. Estensione del successo aziendale
8. Una comunità molto vasta

2. Generare valore in tempi rapidi

Grazie alle soluzioni di CRM *on-demand*, che si adattano meglio alle aziende moderne, è possibile implementare un sistema di CRM in poche settimane, senza componenti complessi e costosi da configurare e installare ed evitando inoltre rischi progettuali.

Di fatto questo significa utilizzare una applicazione in remoto, installata presso il server del Vendor, e i dati stessi (il Data Base) possono essere fisicamente presso server esterni. Gli utenti aziendali accedono al CRM tramite un normalissimo browser.

Molte aziende sprecano tempo e risorse per gestire la loro infrastruttura IT, sottraendole all'attività core. Secondo Gartner, otto dollari su dieci spesi nell'IT vanno sprecati perché non contribuiscono alla crescita o al miglioramento del vantaggio competitivo. Il CRM *on-demand* permette di liberare il personale IT consentendogli di apportare un contributo innovativo e non di manutenzione.

Sfruttare una piattaforma agile on-demand comporta diversi vantaggi:

- Permette di concentrarsi sul business, senza software e hardware da installare
- Utenti operativi immediatamente, grazie alla facilità di utilizzo di questi strumenti
- Adattamento in tempi rapidi alle esigenze globali
- Ottenimento in breve tempo di una soluzione personalizzata per le specifiche esigenze e *user friendly*.

Con il modello on-demand, il personale di assistenza clienti (e i sempre impegnatissimi team IT) non si trovano più impegnati in complicati progetti tecnologici che richiedono un'attenta manutenzione e molto tempo. Il CRM on-demand non si limita solo a offrire innumerevoli vantaggi alle aziende: lo fa in tempi brevissimi e senza difficoltà per i vari team, consentendo loro di concentrarsi sulle attività strategiche e non sulla tecnologia.

3. Personalizzazione a portata di clic

Nessuna soluzione CRM soddisfa perfettamente e fin da subito le esigenze aziendali: infatti, non esistono due aziende che abbiano relazioni identiche con i clienti. Tuttavia, dal momento che molte soluzioni CRM tradizionali sono difficili e costose da personalizzare, alcune organizzazioni preferiscono modificare i loro processi aziendali per adattarli alle funzionalità della loro tecnologia CRM.

La chiave per il successo è una soluzione CRM altamente flessibile che consenta di rimanere al passo con l'evoluzione delle esigenze dei clienti e dell'ambiente aziendale. Il CRM on-demand è strutturato per adattarsi in tempo reale al mutamento delle esigenze, indipendentemente dal tipo di attività svolto, dalle dimensioni aziendali o dall'unicità delle relazioni con i clienti.

Esso permette infatti di:

- Configurare qualsiasi campo, regola di flusso di lavoro, layout di pagina o rapporto in pochi clic, l'implementazione delle modifiche per utenti e team specifici e controllo dell'intero ciclo di vita del cliente: campagne marketing, lead, opportunità, servizio di assistenza clienti
- Creare applicazioni personalizzate per processi e aggiunta di altre applicazioni on-demand leader del settore, senza programmazione
- Tradurre immediatamente il CRM in altre lingue e valute per i colleghi di altre aree geografiche.

La facilità con la quale è possibile personalizzare le pagine Web ha innalzato in modo significativo le aspettative sull'implementazione delle modifiche, anche nelle applicazioni aziendali.

Il modello on-demand si adatta a personalizzazioni rapide in modo costante, facendo apparire inesorabilmente obsoleto il software tradizionale, che richiede settimane o addirittura mesi per apportare modifiche anche semplici.

4. Panoramica a 360 gradi dei clienti

Oggi alle aziende viene chiesto di integrare e gestire l'intero ciclo di vita del cliente, in modo impeccabile ed efficiente, per attirare e mantenere soprattutto quei clienti che generano i profitti più elevati. Per molte aziende la formula vincente che sta alla base del successo implica l'utilizzo del CRM in modo trasversale a tutti questi punti di contatto con il cliente di importanza critica.

Troppo spesso le vendite, le operazioni, il marketing, l'assistenza clienti, il supporto help desk, i servizi professionali e le altre attività rivolte ai clienti utilizzano sistemi diversi, tanto che nessuno è in grado di fornire un quadro completo del cliente.

Con una soluzione CRM le informazioni e le attività dei clienti vengono unificate e condivise con facilità, in modo che ogni reparto disponga di una panoramica a 360 gradi del cliente e possa fornire un servizio più rapido e di miglior qualità.

Questo sistema comporta dei vantaggi evidenti:

- I *lead* (potenziali clienti) vengono indirizzati direttamente al team di vendita o al singolo rappresentante pertinente, sono qualificati e includono le informazioni esatte
- Il marketing ottiene una visibilità in tempo reale sullo stato di ogni lead, vede quali fonti dei lead producono maggiori ricavi e pianifica le campagne marketing appropriate
- Le organizzazioni di assistenza clienti ottengono una visibilità sui prodotti e i servizi utilizzati dai clienti e sulle opportunità di vendita in corso, con la possibilità di segnalare al team di vendita potenziali opportunità di *cross-selling* e *up-selling*
- Gli agenti ottengono una visione che consente loro di comprendere le problematiche del servizio clienti, in modo da non avere spiacevoli sorprese quando effettuano le visite commerciali.

5. Visibilità in tempo reale

Per rimanere competitive, le aziende devono monitorare i parametri di misurazione.

Con software tradizional ottenere report personalizzati è un'operazione che in genere richiede impegno del personale IT e giorni o settimane di attesa mentre con un CRM moderno le informazioni aziendali sono disponibili a tutti. Manager e dirigenti hanno quindi un quadro immediato di tutti gli aspetti dell'azienda, da una visione d'insieme ai dettagli di micro-livello.

I principali vantaggi ottenibili sono:

- I responsabili commerciali possono contare su una visione migliore dei dati relativi ai clienti e le attività di vendita e possono finalmente accedere immediatamente alle informazioni e alle previsioni relative alla pipeline. Inoltre, con la possibilità di aggiungere la gestione delle relazioni con i partner, le vendite di canale possono essere gestite parallelamente alle vendite interne, per una visione integrata di tutte le attività di vendita
- I responsabili marketing possono misurare e valutare l'efficacia delle loro campagne e ricollegare i ricavi alle singole attività di marketing; infine è possibile misurare con precisione il ROI del marketing
- I responsabili del servizio di assistenza clienti hanno accesso a informazioni aggiornatissime sulle attività di assistenza a livello globale in modo che possano

apportare degli aggiustamenti in corso d'opera e implementare le modifiche necessarie che avranno rapidamente un impatto positivo.

Nella figura sottostante si riporta un esempio dell'utilizzo di cruscotti digitali per monitorare i parametri aziendali

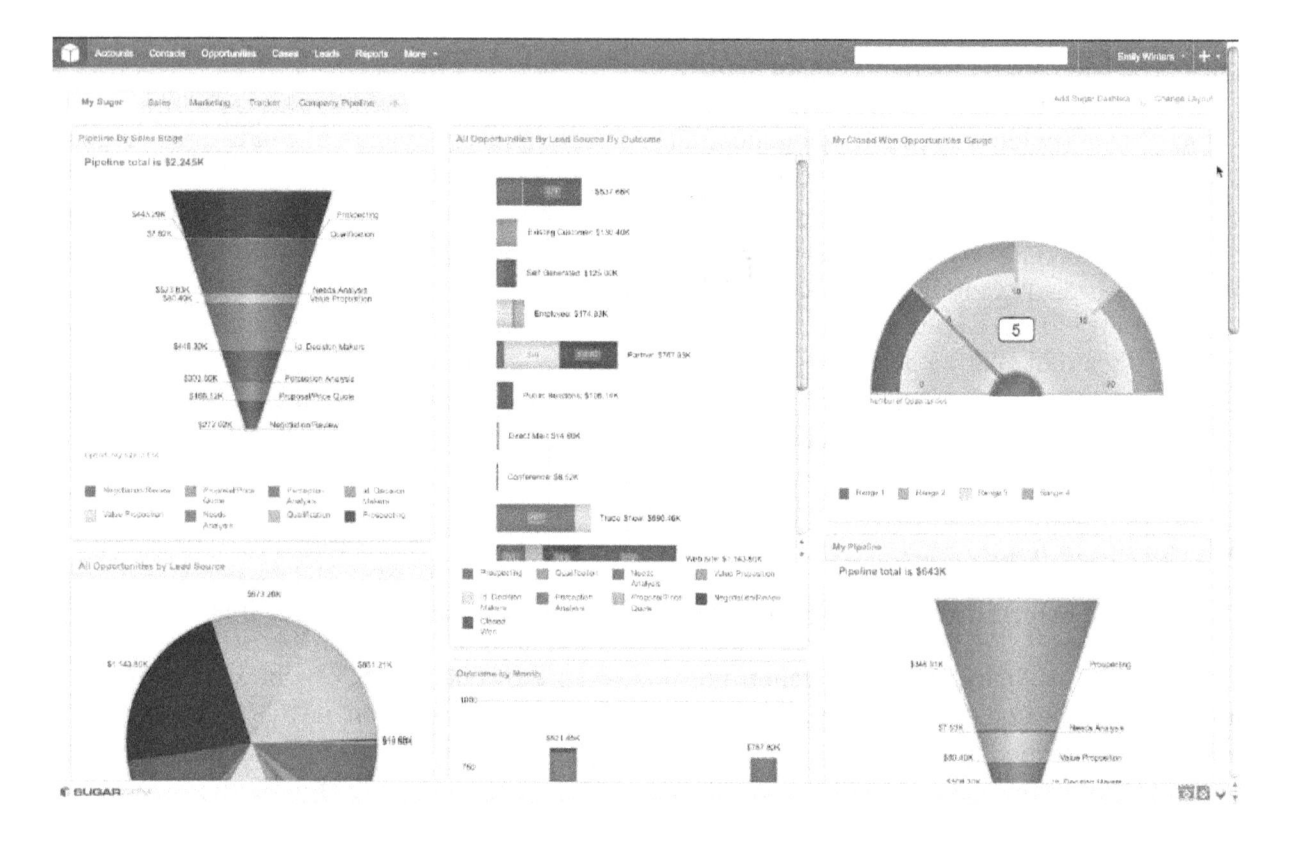

6. Pulizia dei dati

Prendiamo i risultati del sondaggio IBM sulla gestione globale dei dati, condotto su 600 grandi aziende: il 75% degli intervistati ha segnalato problemi significativi risultanti da dati non precisi, inclusi termini contrattuali non rispettati, fatturazioni non effettuate o mancati ritiri di prodotti o servizi consegnati, ritardi o abbandoni di progetti di nuovi sistemi e costi contabili supplementari.

Non si può avere successo con il CRM se prima non si trova una soluzione al problema dell'integrità dei dati che purtroppo caratterizza le organizzazioni di ogni dimensione e di ogni settore. Il problema di disporre di dati di qualità può essere risolto con un approccio in tre fasi, affinché l'iniziativa CRM sia priva di dati non puliti:

- Acquisizione: per acquisire tutti i dati è necessario che tutto il personale dell'azienda utilizzi il sistema CRM anziché archiviare i dati in una fonte non integrata o offline come i fogli di lavoro
- Pulizia: una volta inseriti i dati nel sistema CRM, è necessario eliminare costantemente i dati non corretti, rimuovendo i duplicati, sincronizzando i dati modificati e aggiornando le informazioni. Bisogna disporre della flessibilità che consente di sfruttare le applicazioni di pulizia dei dati integrate nel CRM
- Estensione: la semplice pulizia dei dati non è sufficiente, mantenere dati di alta qualità significa anche riempire i vuoti. Ad esempio, in alcuni record di account potrebbero mancare informazioni aziendali; è possibile ampliare i dati utilizzando i provider di servizi dati per riempire i campi vuoti. Fornire ai team dettagli completi sui clienti o potenziali clienti in un'unica operazione consente loro di essere maggiormente efficienti nelle attività di analisi dettagliata e di ricerca dei clienti potenziali

In sintesi: un archivio centralizzato dei dati dei clienti è essenziale per qualsiasi iniziativa CRM.

7. Elevati gradi di adozione

Troppi progetti CRM falliscono a causa di bassi tassi di adozione da parte degli utenti. Dopotutto, la tecnologia è valida nella misura in cui le persone ne fanno uso. Si riporta in seguito una panoramica delle procedure ottimali per innalzare il grado di utilizzo da parte degli utenti:

- Creare con largo anticipo un supporto informativo per il CRM poiché è fondamentale comunicare ai soggetti la strategia di CRM e i tempi di realizzazione
- Agire dall'alto verso il basso, dal basso verso l'alto e in modo trasversale. È opportuno assicurarsi uno sponsor esecutivo, chiedergli di inviare una comunicazione all'azienda in modo da rafforzare l'importanza dell'iniziativa e incoraggiare la partecipazione oltre che motivare gli utenti finali

- Focalizzarsi sulle persone e i processi per reclutare le persone che conoscono le attività quotidiane della comunità di utenti, lavorare con loro in tutte le procedure aziendali di documentazione e personalizzare l'applicazione CRM in modo da riflettere tali procedure
- Semplificare la vita degli utenti per sincronizzare le operazioni con gli altri strumenti di produttività di cui dispongono. L'integrazione con i sistemi correlati fornisce uno sportello unico per tutte le informazioni di cui necessitano gli utenti
- Semplificare per fornire agli utenti solo le informazioni importanti ai fini delle loro attività quotidiane, senza sovraccaricarli con una quantità eccessiva di informazioni che influisce negativamente sulla produttività
- Formare anticipatamente gli utenti
- Fornire una visione d'insieme ai responsabili
- Ascoltare i pareri di tutti gli utenti: attraverso l'incoraggiamento dei feedback si crea un senso di proprietà collettiva e di investimento nel sistema. La promozione dei feedback e la risposta ai riscontri ricevuti tramite la personalizzazione dell'applicazione con l'inserimento dei suggerimenti utili costituiscono un metodo eccellente per consolidare l'adozione.

8. Estensione del successo aziendale

Un'impresa ha l'obbligo, nel suo DNA, di evolversi. Le aziende intelligenti e di successo hanno una flessibilità che consente loro di adattarsi in base alle esigenze, senza mai perdere di vista la mission e i valori fondamentali.

La possibilità di collegare le migliori applicazioni disponibili sul mercato che consentono di gestire altre iniziative e processi chiave per l'azienda è essenziale per il successo a lungo termine della soluzione CRM.

Un CRM moderno include le più recenti tecnologie relative ai servizi Web, in modo che le aziende possano portare il modello on-demand oltre il CRM collegandosi ad altre soluzioni Web o addirittura creando applicazioni on-demand personalizzate in modo semplice e rapido.

9. Una comunità molto vasta

Attraverso blog, wiki, siti di relazioni sociali e aziendali e molto altro, le persone entrano sempre più in contatto tra di loro tramite la rete. Al contempo, le aziende si stanno rendendo conto che coltivando le comunità di clienti ed entrando in relazione con essi si possono ottenere enormi risultati in termini di fidelizzazione e di consapevolezza del marchio.

All'incrocio tra queste due tendenze sta il CRM on-demand: la soluzione ottimale per promuovere la crescita della comunità. Le soluzioni CRM on-demand possono contribuire a creare e gestire comunità online interattive. L'interazione e il feedback generati nei forum online possono poi confluire nuovamente nel sistema CRM per essere sottoposti ad analitiche che possono guidare le decisioni relative al miglioramento dell'esperienza globale del cliente.

È possibile agevolare la crescita di una solida comunità di clienti fornendo forum online per una grande varietà di argomenti di interesse per i clienti, ad esempio per:

- Procedure Ottimali incoraggiando i clienti a condividere suggerimenti, astuzie, storie di successo, idee
- Idee e Sondaggi dando la possibilità ai clienti di condividere idee sul futuro dei prodotti e servizi; fornire ai clienti la possibilità di votare le idee è un modo eccellente per ottenere un feedback, sollecitare la partecipazione e aiutare i clienti a sentirsi responsabili del futuro dell'azienda
- Gruppi di Utenti impostando gruppi di utenti locali e fornire un forum online per la comunicazione e la pianificazione tra i membri locali.

La potenza della comunità cresce ogni giorno e l'utilizzo di una soluzione on-demand per creare relazioni più solide con i vari soggetti interessati è un modo semplice per convogliare questa potenza a vantaggio dell'azienda.

Capitolo 12 - CRM E PROCESSI ORGANIZZATIVI

1. Come nasce un CRM

Realizzare un progetto di CRM è un obiettivo complesso che va considerato da tre prospettive rilevanti:

- Dimensione **strategica**: attiene all'intervento del Top Management nelle fasi iniziali del progetto per esplicitare le esigenze di miglioramento del proprio business, alla luce delle opportunità e delle minacce rilevate nel contesto competitivo in cui l'azienda opera. Tale intervento è inteso anche a porre i confini del progetto, pur nel rispetto di potenziali linee di sviluppo future, al fine di concentrare le aspettative su alcuni parametri chiave per valutare il grado di successo dell'iniziativa

- Dimensione **organizzativa**: il modello di CRM deve considerare lo specifico livello di complessità aziendale in termini di numero di persone, livelli gerarchici in cui è strutturata e modello culturale di riferimento soprattutto per quanto attiene la formulazione di strategie e la presa di decisioni (top-down, bottom-up e forme miste)

- Dimensione **tecnologica** dell'azienda, componente fondamentale di un progetto di CRM

Vediamo ora in dettaglio le varie macro-fasi progettuali necessarie per l'ideazione e l'implementazione di un sistema di CRM, rappresentate nello schema sottostante.

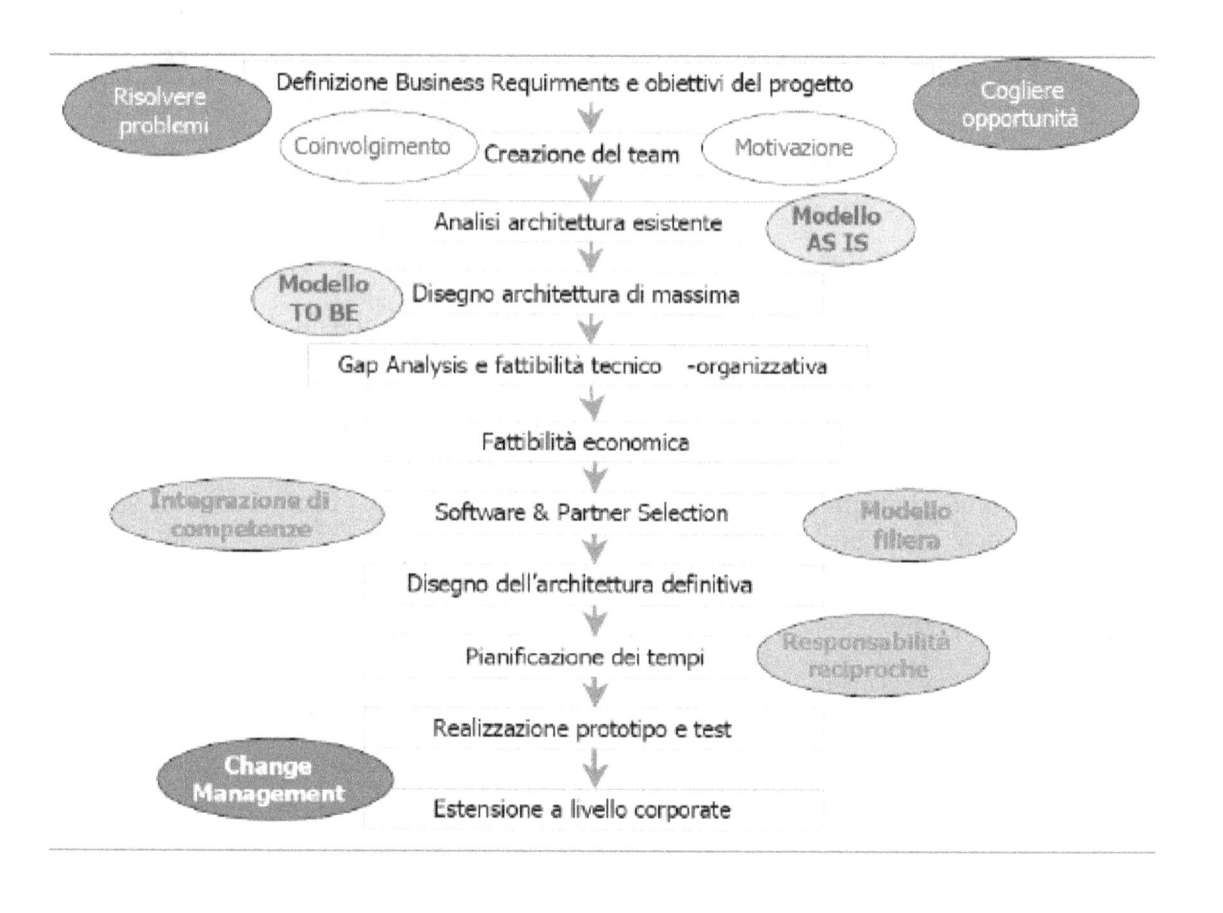

2. Definizione dei Business Requirements

E' una fase critica in cui il Top Management stabilisce quali sono le linee strategiche di sviluppo del proprio business in termini di problemi da risolvere e di opportunità da cogliere. Nel caso di un progetto di CRM, spesso, le aziende sono indotte a fare questa riflessione dalla elevata pressione competitiva che si ripercuote sulla perdita di clienti, su un'offerta non in linea con le nuove esigenze dei consumatori e con i nuovi canali di comunicazione e vendita come l'e-commerce.

Queste minacce fanno nascere nelle aziende l'esigenza di presidiare le informazioni sui propri clienti, sull'andamento dei propri canali di vendita, sull'efficacia o meno delle campagne di marketing. Tutte esigenze alla base di un progetto di CRM. Ogni caso, tuttavia, va valutato alla luce delle reali esigenze di sviluppo dell'impresa.

Questa fase è caratterizzata da un'intensa attività di brainstorming in cui sono coinvolti Top Management, responsabili di area o funzionali ed i consulenti esterni per definire le reali esigenze informative che consentono di presidiare l'obiettivo che ci si è posto.

3. Creazione del team di progetto

La creazione del team di progetto è un passo indispensabile proprio nelle fasi di avvio lavori, per creare consenso, informazione e coinvolgimento di tutte le persone nel processo di trasformazione e, soprattutto, tutti coloro che si interfacciano con il mercato e subiscono, pertanto, l'impatto immediato del nuovo sistema, riducendo nel contempo la resistenza al cambiamento.

In particolare, la creazione del team di progetto è finalizzato al conseguimento di alcuni risultati concreti immediati in termini organizzativi:

- Assicurarsi che il lavoro sia costantemente coerente con le specifiche esigenze degli utenti del sistema
- Assicurarsi che le persone che dovranno successivamente continuare a gestire le attività condividano i modelli analitici adottati e le conclusioni emerse
- Impadronirsi e rendere patrimonio aziendale l'approccio, le metodologie e le fonti informative utilizzate dai consulenti
- Ridurre i costi, svolgendo internamente una serie di attività.

4. Analisi dell'architettura esistente - Modello AS IS

Questa fase consente di avere una visione completa e chiara a tutto il team, dell'attuale situazione del sistema informativo.
Essa comprende le seguenti sottofasi:

- Censimento delle attività in essere, per evitare di replicare altre iniziative in essere, già svolte e/o avviate, ma poi interrotte, riguardanti i temi del progetto
- Censimento delle informazioni già raccolte e delle fonti informative già attivate per mappare le informazioni già detenute dall'azienda, rilevando dove e come sono gestite e valutando la loro adeguatezza in termini di completezza, affidabilità e aggiornamento
- Analisi dell'assetto tecnologico attuale provvedendo a rilevare le soluzioni informatiche attualmente in uso o già pianificate per gestire le diverse componenti del sistema di CRM

La scelta di partire dall'esistente implica l'idea di fondo di adottare un approccio di tipo incrementale senza costruire fin da subito una soluzione completa e definitiva.

L'ipotesi è che una buona base analitica di partenza possa essere costituita dai dati e dalle informazioni già detenute in azienda. In caso di inadeguatezza o insufficienza della base dati disponibile vengono attivate nuove rilevazioni e ricerche.

5. Disegno dell'architettura di massima - Modello TO BE

Una volta valutata ed esplorata la situazione esistente si procede a disegnare un'architettura di massima per i diversi componenti del CRM e le loro interdipendenze. In questa fase i requisiti emersi nella prima parte vengono tradotti in specifiche funzionali e tecniche che il sistema progettato deve assolvere.

La figura professionale importante in questa fase è quella dell'analista: deve essere in grado di comprendere le esigenze degli utenti, traducendole in specifiche funzionali e tecniche, ascoltare e comunicare per portare alla luce le problematiche rilevate nel sistema informativo esistente.

Le attività svolte in questa fase sono:

- Proposta dei contenuti informativi e delle funzionalità del sistema definendo i contenuti, gli output informativi per soddisfare le esigenze strategiche e operative delle diverse posizioni
- Proposta dell'architettura tecnologica del sistema: sono identificate le specifiche per la scelta/verifica delle diverse componenti tecnologiche del sistema, con relative caratteristiche tecniche e di costo.

6. Analisi dei gap e fattibilità tecnico-organizzativa

La *gap analysis* valuta lo scostamento tra situazione attuale e futura per le due dimensioni rilevanti del sistema di CRM:

- Valutazione del gap informativo rispetto alla situazione esistente per le differenti funzioni e per i diversi temi. Viene analizzato lo scostamento tra patrimonio informativo esistente e desiderato, identificando le fonti e le modalità per colmare il gap e valutando costi e benefici di allargare e approfondire le basi dati
- Valutazione del gap tecnologico rispetto alla situazione esistente, provvedendo a verificare quanto la situazione attuale e pianificata sia già coerente con i requisiti e le funzionalità richieste o se siano utili dei cambiamenti.

La gap analysis produce le linee guida su cui si innesta il processo incrementale di implementazione del sistema elaborando valutazioni sulla fattibilità tecnica del progetto e sull'impatto organizzativo.

7. Analisi della fattibilità economica

È una fase spesso trascurata dal management in quanto di difficile determinazione e con pochi modelli cui fare riferimento. Tuttavia, la valutazione economica del progetto, così come la definizione iniziale degli obiettivi concreti attesi dall'implementazione del CRM, sono essenziali per monitorare il grado di successo dell'iniziativa non solo ex-post ma anche durante l'esecuzione, distinguendo tra risultati attesi a breve, a medio e a lungo termine.

Una valutazione strettamente finanziaria che porti a calcolare un parametro quantitativo come il ROI, è complessa per tre ragioni fondamentali: perché non esiste una base dati *ex ante* che renda possibile una comparazione, perché ci sono molte variabili indipendenti e perché molti benefici sono di natura intangibile e difficilmente quantificabili (si pensi per esempio a una migliore immagine aziendale).

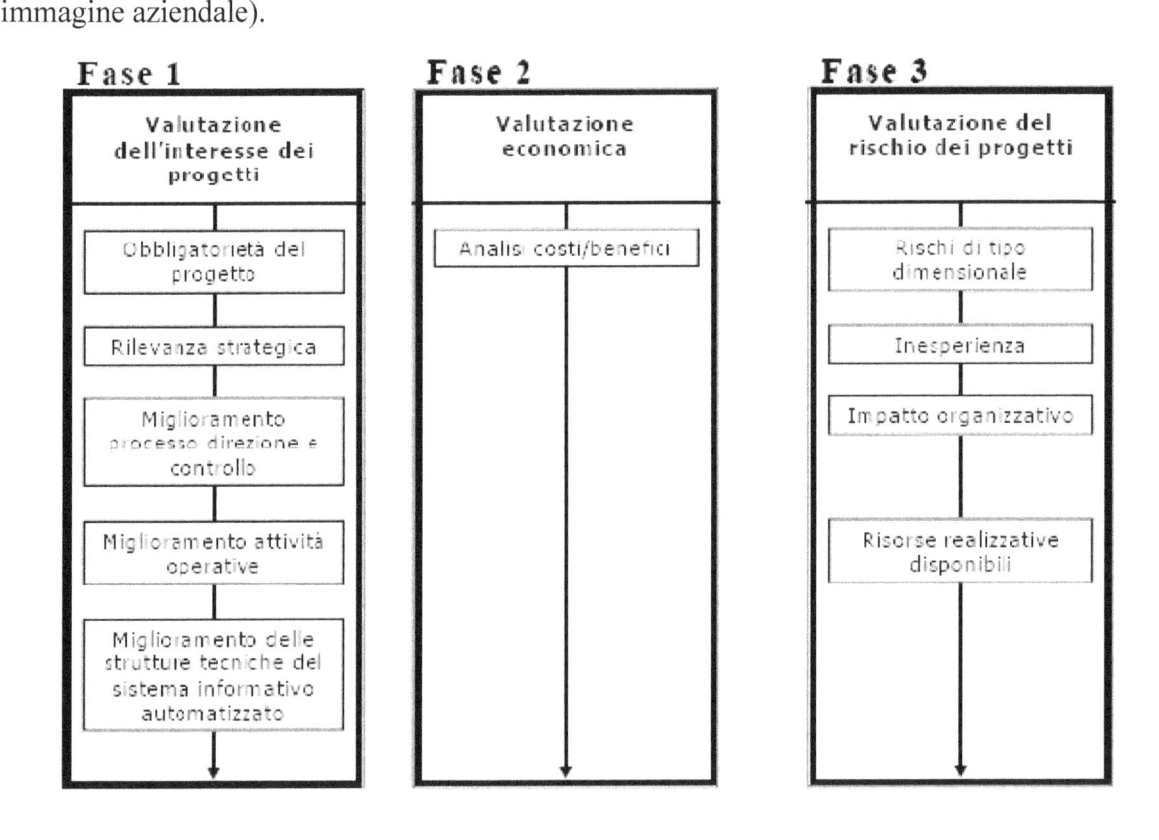

Alcuni vantaggi invece sono quantificabili, quali la diminuzione dei tempi di formazione del personale, o la stima dei ritorni su un certo investimento di marketing in una campagna mirata, grazie all'elaborazione dei dati del *customer warehouse* con un *data miner*, rispetto ad un'iniziativa non mirata, oppure ancora il beneficio derivante dal risparmio di investimento in marketing.

Si tratta però del calcolo del rendimento economico di iniziative specifiche rese possibili dall'applicazione di alcune componenti del CRM, ma non è possibile farlo sul progetto globale; è per questo motivo che è più utile procedere ad un'analisi costi-benefici-rischi di un progetto di CRM.

Secondo questo modello il processo di valutazione si articola in tre fasi distinte (rappresentate nello schema sopra esposto):

- Valutazione dell'interesse verso il progetto
- Valutazione economica (analisi costi-benefici)
- Valutazione dei rischi

La prima fase consente di determinare in linea genefrale l'area su cui impatterà il progetto e, di conseguenza, le motivazioni di fondo dello stesso, nonché i risultati attesi. L'obbligatorietà del progetto si riferisce a eventuali leggi o regolamenti che impongono l'adozione di certi sistemi da parte dell'azienda. In questo caso non si tratta di una vera e propria valutazione.

La rilevanza strategica concerne le motivazioni di business in termini di minacce e opportunità che spingono l'azienda ad intervenire sul sistema. Scendendo lungo gli step della prima fase aumenta la possibilità di individuare costi e benefici tangibili e, dunque, di compiere un'analisi economico-finanziaria.

Nel corso dell'analisi costi-benefici i responsabili di marketing determinano i benefici tangibili e intangibili legati all'implementazione del sistema. I responsabili IT determinano i costi da sostenere per la realizzazione del sistema, distinguendoli da quelli legati all'utilizzo ed al mantenimento del sistema stesso.

Le principali categorie di benefici di un sistema di CRM sono tre: aumento del fatturato, risparmio dei costi e aumento della capacità di risposta al mercato.

I costi invece sono analizzati su due livelli:

- Valutazione della dimensione del progetto che dipende da diversi fattori quali il numero di utenti, di funzioni aziendali coinvolte, o la necessità di re-ingegnerizzare alcune funzioni
- Analisi dei costi specifici del progetto quali costi per nuovi hardware e software, consulenza o formazione.

Per quanto riguarda i rischi connessi all'implementazione di un sistema CRM: possibilità di non raggiungere i risultati attesi o di impiegare più risorse finanziarie di quelle previste, malfunzionamento o mancanza di integrazione delle componenti tecnologiche, cambiamento delle condizioni del mercato che possono portare ad una rapida obsolescenza del CRM.

Conducendo un'analisi di questo tipo è possibile avere una visione più chiara della fattibilità del progetto, da un punto di vista tecnico, strategico-economico sia organizzativo e soprattutto di quali siano le variabili critiche da monitorare in funzione del raggiungimento degli obiettivi preposti.

8. Software e Partner selection

Il mercato delle soluzioni software è caratterizzato da una forte frammentazione, unita ad un ruolo preminente di acquisizioni, alleanze e partnership commerciali. Le motivazioni per queste alleanze che possono essere deboli o forti, nazionali o internazionali, sono generalmente di due tipi: completamento dell'offerta e riposizionamento competitivo, per dotarsi di soluzioni complete per la Business Intelligence, il Data Warehouse e il Customer Interactive System

Di fronte ad un'offerta molto frammentata la scelta del vendor e dei partner è fondamentale perché si contengono gli adattamenti dei software successivi e dopo la scelta del partner si riduce il potere contrattuale. Per questo è fondamentale investire tempo per formalizzare il processo di selezione.

L'analisi dell'offerta si basa su una valutazione ponderata di 4 aspetti rilevanti: aspetti funzionali della soluzione, aspetti tecnici della soluzione, caratteristiche del Vendor, caratteristiche del Business partner.

Tramite queste valutazioni è possibile elaborare un ranking per ciascun vendor e partner ed effettuare così la scelta anche in funzione della proposta economica avanzata da ciascuno.

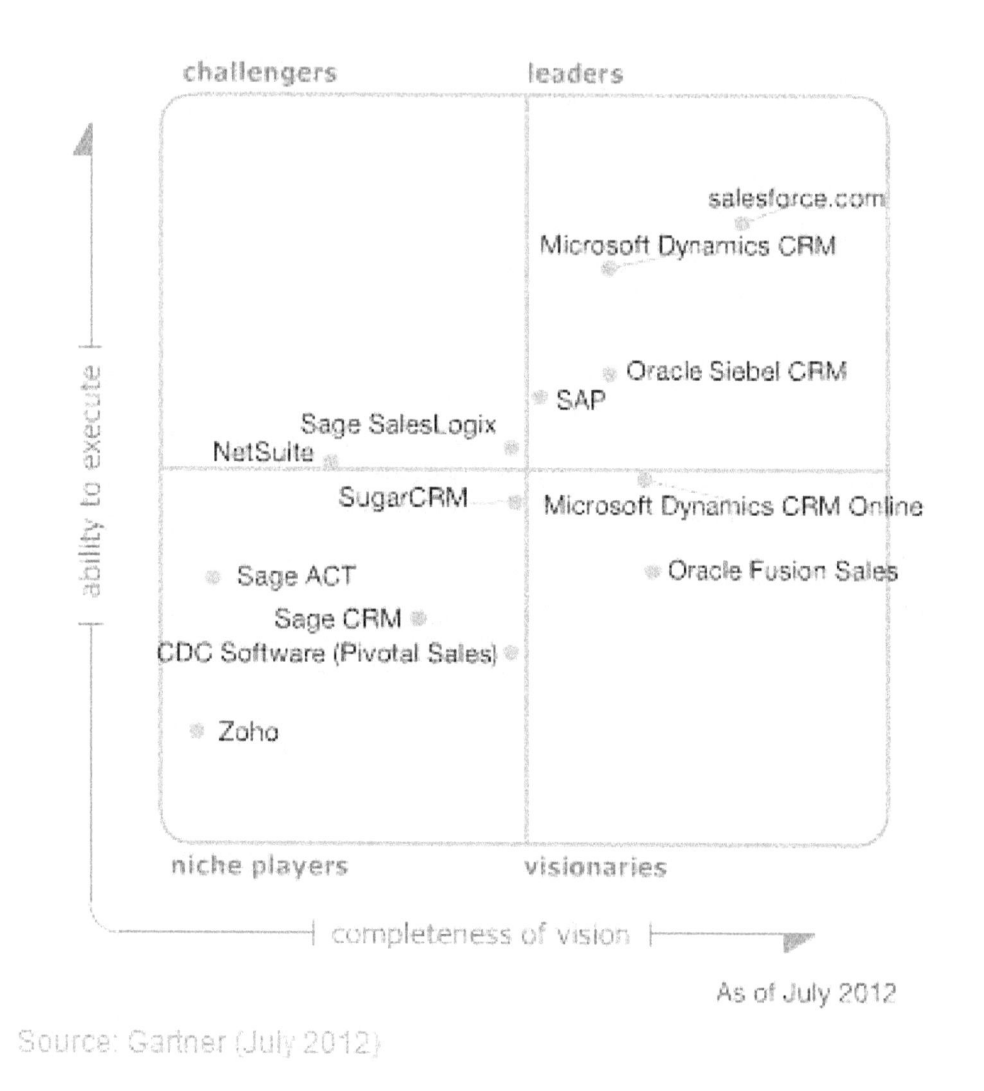

Una fonte autorevole che effettua un confronto tra i diversi vendor è Gartner con il CRM Magic Quadrant: sono messi a confronto i principali competitors; è tuttavia importante riconoscere il fatto che ogni realtà ha necessità diverse per cui sarebbe fuorviante considerare solo il quadrante dei leaders. La logica e i criteri utilizzati sono i medesimi del Magic Quadrant già visto nel capitolo riguardante la Business Intelligence.

9. Disegno dell'architettura definitiva

Al termine della scelta dei partner è necessario operare, anche alla luce dell'intervento di questi ultimi, la verifica e l'affinamento dell'architettura di massima disegnata nella quarta fase (modello TO BE).

Ai fini di un'implementazione di successo, nel piano temporale del progetto è necessario poter identificare le attività, le scadenze e i responsabili interni ed esterni di ciascuna fase e sotto-attività identificata, al fine di monitorare lo stato di avanzamento del progetto e procedere con una chiara presa di responsabilità da parte degli attori coinvolti.

In questa fase è necessario anche definire le priorità d'intervento sulla base della strategicità delle varie attività e l'organizzazione dei sotto-progetti per aumentare l'efficienza e la suddivisione dei compiti.

10. Realizzazione del prototipo e test

Data la portata dei progetti in questione, spesso le aziende optano, secondo l'approccio incrementale, per una realizzazione su tre livelli:

- Soluzione prototipale e test
- Attività di *Roll Out*
- Soluzione estesa

In genere il prototipo può essere creato per una singola divisione aziendale, business unit, punto vendita o zona geografica, a seconda del tipo di business e delle esigenze del management.

Una volta calibrato il sistema e definito cosa debba essere modificato, approfondito o sviluppato, potranno essere stabilite le modalità e stimati tempi e costi con cui estendere la copertura a tutto il sistema di business (Roll Out).

11. Estensione del progetto a livello corporate

Con l'estensione del prototipo al livello corporate non si esaurisce il progetto di CRM. Come qualsiasi sistema informativo, con un suo ciclo di vita, esso necessita di continui aggiornamenti ed estensioni.

A maggiore ragione per un sistema di CRM che è per definizione un processo circolare iterativo di apprendimento, sui clienti, sulle relazioni instaurate con essi e sulle modalità per tradurre in conoscenza ed offerte personalizzate le continue interazioni con essi.

A seconda del punto da cui parte l'azienda, vengono progettati sistemi di CRM e linee di sviluppo che consentono di realizzare risultati concreti nel breve termine e, al tempo stesso, di pianificare ulteriori investimenti nel futuro.

Oltre a questo aspetto "fisiologico" del sistema, è necessario procedere alla gestione del cambiamento e degli aspetti organizzativi che hanno tempi molto più lunghi di un'implementazione come quella qui descritta e che producono risultati nel medio periodo.

CPSIA information can be obtained
at www.ICGtesting.com
Printed in the USA
BVHW060458220621
610126BV00004B/370